地理辨正精華錄

三元易盤卦理詳解

繼大師著

繼大師

風水祖師蔣大鴻造像

《地理辨正精華錄》——三元易盤卦理詳解

繼大師著

目錄

自序 — 繼大師

筆者繼大師註解《地理辨正疏》後，遂將其內容精要抽出，主要是以張心言地師所公開的卦理為主，其書中之「序文、跋語、辨偽文、凡例、形理總論」等文，用白話意譯及註解，更將蔣大鴻祖師所設計的羅盤詳細解釋，使各讀者瞭解當時的羅盤是如何秘密的。現代的三元羅盤設計詳盡，古人不公開的六十四卦秘密，現已全部公開放在現代羅盤上，例如卦爻排例之順逆，卦爻吉度之選擇等，其用法只待明師真傳，故現代人非常有福氣。

最初筆者繼大師想將《地理辨正疏》白話化，後發覺做來有點困難；這五經是經典的著作，內容隱語眾多，不能照字面解說，否則失去真義。若將《地理辨正疏》詳細解說，則可能會超過十五萬字，再加上圖表，則書本非常厚而笨重，可能要分三冊出版。書中部份內容，前賢已詳細辨正三合之非，經過三百多年，再說也沒有意義。

又張心言在〈卷末〉舉出三元偽法卦理圖表及解說，筆者繼大師認為如果再註文解說，則此舉實沒有必要，因為偽法太多，代代層出不窮，而且偽作說法新鮮，魚目混珠，真假難分，再怎樣辨也辨不完，因為真道難聞，必須心正福厚之人，加上與明師之師徒緣份，始可能得真傳。

基於種種原因，幾經思考，才決定今日之方案。筆者繼大師現將經內的卦理圖解詳細剖析成一書，可與筆者繼大師註解的《地理辨正疏》一書共同參看，必有所得。此書命名為：

《地理辨正精華錄》 副題是 **〈三元易盤卦理詳解〉**

此書等同《地理辨正疏》一書內的《青囊經》、《青囊序》、《青囊奧語》、《天玉經》、《都天寶照經》等五部經的部份內容，其中分析詳盡。若有機緣，筆者繼大師會將此五經一一解說。能讀此書者，自當珍惜！則不負本人的心血和努力。

繼大師寫於香港明性洞天

辛丑年季春吉日

《地理辨正疏》的來由 —— 繼大師

《地理辨正疏》一書因蔣大鴻而出現，「平階」是他的本名，又名：「雯階，馭閎，許岳，旻珂，元珂，中陽子，宗陽子，杜陵夫子。」一生於明萬曆四十四年丙辰年十二月廿七日辰時，公元 1617 年 2 月 2 日，時為四絕日。出生地在江蘇華亭張澤，今上海市松江區張澤鎮，為明末蔣爾揚進士之姪兒。

年少時得其祖父蔣安溪先生授他風水巒頭功夫，年青時，隨江南名士陳子龍老師學習文學；蔣公是明末反清復明義士，在他宅後掩埋了兵器及兵書，組織反清民軍，失敗後逃往福建，唐王任他為兵部司務，更晉升至御史一職。

後棄職離開福建，並遊於八閩之地及大江南北，由於祖墳三度被風水時師誤葬，以致家道衰落，於是發奮追求風水真道，四處遍尋明師，終於在平原曠野中得遇無極子傳他風水秘法。後定居浙江紹興若耶樵風涇，晚年來往丹陽，暫居兩地，與人造葬風水，並傳授風水秘法，著書立說，以留傳後世。

當時以署名劉秉忠著《平砂玉尺經》的三合風水偽書非常盛行，影響極大，遂於民間搜集黃石公、赤松子、楊筠松、曾求己等名家風水秘本，於1690庚午年出版自著《地理辨正注》，以闢《平砂玉尺經》三合風水書之偽，其弟子姜垚註《青囊奧語》及著《平砂玉尺辨偽總括歌》。

由於蔣公著《地理辨正注》內容非常隱秘，用廿四山解說六十四卦，故被誤導的人非常多。至道光七年（一八二七年）有海鹽張心言（綺石）地師，是一位被人收養及極有孝心的孤兒，長大後，想找風水吉地造葬雙親，於是鑽研山川形勢達廿多年，真假風水穴地，一看便知，惟獨是對墳穴之立向不能掌握，於是遍遊八閩、江西、江南各省勘察名墓，尋訪各處風水明師。

張氏後得蔣大鴻秘本《洩天機卅六訣》，始悟得三元易卦風水真諦，無疑無惑。回鄉之後，與朱爾謨、徐芝庭、崔止齋、潘景祺等同道，朝夕鑽研風水卦理，並懼怕日後失傳，故將《地理辨正注》逐一疏解，與各道兄部份易卦理論加入註解內，並將大量六十四卦卦圖放入卷首，書名改為《地理辨正疏》，遂成為三元地理的重要經典，學習三元風水地理者，可用依此書作為參考教材。

雖然歷代有很多人註解此經，但唯獨張心言地師是公開《地理辨正疏》內蔣公不肯說六十四卦秘密的第一人，他只是作表面解說，但已公開不少秘密，只待明師點撥。

例如：

「雙山雙向，用乾卦上爻。」

江東江西卦的交通卦爻原理，《天玉經》〈內傳上〉的真假共路夫婦卦，〈內傳中〉的卦爻順逆排法原理，〈內傳下〉的三元不敗卦理等 …… 其餘還有很多隱藏在經內的秘密口訣，不能盡錄。作為參考是可以的，但若深入學習此經，須得明師真傳。

《本篇完》

（一）朱栻之在《地理辨正疏》內之序文

繼大師白話意譯及註解

《地理辨正疏》〈卷首〉內有朱栻之先生的序文，寫於清、道光七年（公元 1827 年），內容除抒發他個人的見解外，亦認同及欣賞其親家張心言地師所註疏的《地理辨正疏》，筆者繼大師將其內容意譯及註解如下：

國朝（清）藝術之學，超越明代者有二家，在醫學來說則是吳江徐洄溪。（註一）相墓宅則有華亭蔣大鴻先生。（註二）徐洄溪先生之醫學，由黃帝內經而下，惟推仲景一人，（註三）他雖是秦越人，但不免令人懷疑。而丹溪、東垣，（註四）被人直視如洪水猛獸。

怎樣知道蔣大鴻之風水學說惟獨尊崇楊筠松一人呢！雖曾文辿僅因為從楊筠松處學得風水而揚名，而廖瑀、賴文俊、何溥，（註五）他們亦同樣被視為洪水猛獸。朱栻之的父親很看不起術數家，其父親說：「若明白術數中的道理，可從其文章中所表達的內容，就能夠知道他們是否有真功夫，毋須要觀察他們是否得到真正的學問。」

辨別認識其玄機之疑惑，探取其精微奧妙之處，有徐洄溪醫師的例子，達乎風水書中如南唐國師何溥著的《靈城精義》、賴布衣著的《催官篇》、《九星》（河圖洛書），蔣大鴻明白這些道理，而註解《地理辨正》。於《四庫全書》有徐洄溪先生之醫書，解釋醫學，除貫通針灸醫術之外，所有醫術皆收錄在《四庫全書》內而無有遺漏。

由於當時因為蔣大鴻仍在生，故《地理辨正》一書並沒有收錄在《四庫全書》內，反而把《平砂玉尺經》錄於《四庫全書》，其真偽性並沒有人糾正它，錄書之人，真是吹毛求疵。

聖人之論著，正大堂煌，為千秋萬世之定議，徐洄溪之醫書，明確通暢而無遺留外，而蔣大鴻所著的書，不想洩露天機，讀他書的人，容易給他誤導，由於此種原因，親家張心言取此書而作疏解，使「八神四個一」之真訣，不至成謎語。

雖然蔣大鴻是楊筠松之功臣，疏解此書者（指張心言）又是蔣大鴻之功臣，惟這本書所說，「善觀地者。在觀其神。」得其神髓者，則如龍脈之清長，砂水縈洄，雖不能盡合乎法規，但也不害怕宅不是吉地。

不得其神髓者反而拘泥於法則上，吉者或反而爲凶，在臨場實地勘察吉穴上，又是否能夠分辨呢！余（朱栻之）於地理方面認識甚淺，可問一問張先生是否這樣。

道光七年丁亥夏日姻愚弟朱栻之頓首拜譔（公元 1827 年）

繼大師註一：吳江區位於江蘇省東南部，屬江蘇省蘇州市所管轄，全區總面積為 1176.68 平方公里，區政府駐松陵鎮。清代出名醫徐洄溪先生。

繼大師註二：「華亭」即現今之上海松江區張澤鎮，是蔣大鴻的出生地。其歷史如下：

張澤鎮與葉榭鎮位於上海市西南部松浦大橋南堍，總面積 72.54 平方公里，公元前 174 年吳王劉濞在葉榭塘東灘設立鹽倉，然後北運廣陵（今揚州），五代十國時期，有葉、謝二姓兩大戶居此經商，因而得名。明、萬曆年間，董其昌助外婆家興建名「葉家水榭」的豪宅，鄉民以此為標誌，改「謝」為「榭」，將鎮改名為「葉榭」。

蔣大鴻于公元 1617 年農曆十二月廿七日辰時出生于華亭 ── 張澤，筆者繼大師查算結果，蔣大鴻先師的四柱八字是：丙辰年。辛丑月。癸亥日。丙辰時。

「張澤」歷來有「金張澤」之稱，自唐以來，由村而發展成鎮，在明、嘉靖年間開始興盛，清初 蔣大鴻時代為「華亭」，張澤鎮與鄰鎮葉榭鎮於 2001 年初合併，統稱「葉榭鎮」。歷代人才輩出，出了很多高官及歷史名人，其後蔣大鴻移居紹興若耶蕉風徑，但亦有來往兩地。

繼大師註三：仲景即張仲景先生，名機，字仲景，南陽郡涅陽縣人，東漢末年著名醫學家，與董奉、華佗並被稱為「建安三神醫」。張仲景與扁鵲、華佗、李時珍為中國古代四大名醫。

繼大師註四：指朱丹溪先生，著有《丹溪心法》，內述對手足陰陽經絡的辨證，提倡對調經理論之研究及治病思想，並認為餘陰不足，與相火論有關的學術觀點，認為人體常有餘氣，使血氣常不足。

「東垣」指李杲（杲，音果）公元 1180 年 — 1251 年，字明之，號東垣老人，後世多稱為李東垣，真定人（今河北正定）。金元四大家之一，開創了補土派，為北方名醫。

繼大師註五：廖瑀是在南唐時代跟隨楊公學風水的入室弟子。賴文俊即賴布衣，字鳳崗，宋末元初人，為風水界中的才子。何溥為南唐國師，生於公元 922，終於公元 1019，字令通，號潛齋，晚號紫霞老人，北宋初年，因得罪皇帝而遭貶，至海寧縣任縣令，今之「休寧縣」，著有《靈城精義》。

筆者繼大師將此序文的重點申述如下：

（一）引述古人在醫學及風水學上都是良秀不齊，有些醫書很有份量，但一般人未能接受，反而毀謗它，蔣氏註解的《地理辨正》一書，因為隱秘，更容易被人誤解。署名劉秉忠著的《平砂玉尺經》偽經，反而被收錄在《四庫全書》內。

（二）蔣子公開楊公、曾公（曾求己字公安，為曾文辿的父親）、黃石公等人所著的地理經典，把部份秘密內容公開，作者認為張心言註疏《地理辨正疏》，是把蔣大鴻部份秘而不宣的秘密再公開多一些，務求使讀者更加明瞭，故在〈卷首〉內加上卦例插圖。

（三）朱栻之的父親提出，要用智慧去閱讀風水師的文章，以分辨他們的真偽，風水以巒頭（形勢）為主，於臨場實地考証其形勢時，尤其重要，如龍脈清長，砂水有情，迂迴曲折，方是真功夫。

（四）在風水擇地上，要得其神髓，不必拘泥於法則上，否則吉地變凶。

筆者繼大師認為，一切都必須要得到明師的真傳，這全在個人的師徒緣份上。

《本篇完》

(二) 地理辨正原序 —— 蔣平階撰

繼大師白話意譯及註解

《地理辨正》為蔣大鴻風水祖師在得到無極子、幕講師(又名:目講師。)的風水真傳之後,為了風水真道的宏揚及傳承下去,不惜在坊間搜尋黃石公、郭璞、楊筠松(楊益)、曾求己(字公安,爲曾文辿之父親。)等明師的風水秘笈,後將《青囊經》、《青囊序》、《青囊奧語》、《天玉經》、《都天寶照經》諸經註解,書名為《地理辨正注》,直至道光七年丁亥(1827 年),張心言地師將《地理辨正注》再疏解,書名改為《地理辨正疏》。

筆者繼大師現將風水祖師蔣大鴻先生之序文意譯及註解如下:

讀書人明白「天時、地理、人和」之間的三才道理,是爲「儒家」,研究天文地理學之人爲「學士家」,他們都以完全透徹明白本身的學理爲責任,由儒家經義衍生出來的學術,以「象緯」之學,(註一)糾正「三統」去預測吉凶。(註二)

「三統」是屬於國家領導者之事,爲獨地理風水是養生死葬之事(註三),平民生活日用所急需用的,尤其是孝子賢孫,不可以不謹慎。

宋代大儒學家朱熹、蔡西山等諸位聖賢。（註四）曾著有理學易經書籍，可以查證。但他們只是簡單大概地描述一下，而未能深入研究精確細微。

他們進而求之，只看管輅、郭璞所著的堪輿學說，（註五）他們雖然言之鑿鑿，離開風水真道遠矣，雖然他們所寫的道理是明顯的，但真正的義理卻隱藏着，真正的風水學問，正如所謂間中在世間會出現，不過非人不傳，甚至很少人會得到真傳。

余（蔣大鴻）少年時母親逝世，壯年時父親逝世，祖父蔣安溪先生最初以風水巒頭之書籍親自教授於我。日久便知道坊間流傳之風水學問多屬虛假。經過深入思考，最後在曠野上遇到無極子傳授風水真詮，（註六）於是用了十年時間，學習他所傳下來的風水學問。

於是（蔣大鴻）研究遠至黃石公的風水學問。（註七）近代則考究青田（青田——俗名劉青田，劉基，即劉伯温。）幕講（又名目講師，元代風水明師，著有《平洋金針》。）他們所說的，人人不同，但其要旨則一。

且看天下山川土壤，雖然大部份都是荒山野嶺，這都是一樣的，但願正宗之地學留傳下來，總是很想將此學問告訴後來之學者，但又不能直接明顯地說出，所以取現今世上相傳之書，審訂其衆多錯誤的地方，分析其是非真僞，使說這話的人不至於造業，使聽者有所懲戒，而不至於混亂，因此撰寫《地理辨正注》一書也。

風水地理學問之書，由秦朝末年的黃石公開始，盛行於南唐之楊筠松，而世間所充滿疑惑而不能過於理解的風水經籍，則莫甚於《平砂玉尺經》，故將這些風水典籍，編輯成爲一書，就像祭祀器皿上盛着罪犯的供辭一樣，（註八）可以說是救世也。

門徒姜垚及其他各人，爲職業風水師久矣，閱讀經史之餘，兼著述此書的一部份，這並非好管閑事，我得此風水之真道，正是用以消除我雙親被誤葬的仇怨，跟隨我一同勘察風水地理者，皆有親人也。

門徒姜垚也參與編寫這本書的一部份，借此機會，以消除對風水僞學的仇恨，故將文章公諸於世，又爲天下後世有父母親之人，有感激之意，使人信服我們讀書人之用心良苦也。《完》

繼大師註一：「象緯」即「星象經緯」，指天文地理象緯，即「象數讖緯。」「象數」稱為「龜筮」之類，「讖緯」稱為「讖録圖緯」為占驗術數之書。

繼大師註二：「三統説」是中國西漢時期董仲舒所提出的黑、白、赤三統循環的歷史觀。董仲舒認為，每個相繼的朝代都要：

（一）改曆法，如節日的慶祝、紀念活動等，制定公眾假期的日子，政府公務員的工作時間及每年的法定假期等。

（二）更變衣服形式，包括政府軍警的禮服、交通、儀仗隊等的顏色。

（三）老百姓日常起居飲食和制度的具體形式作一些改變，如法律、政制、憲制、法制等。

繼大師註三：「養生死葬」指死人葬得吉地，會護陰子孫後代，好的風水，會令後代健康長壽，壞的風水，會令後代人丁單薄，甚至會滅絕。

繼大師註四：朱熹夫子，字元晦，又稱朱文公。家境雖然窮困，但自幼聰穎，精通易學風水，南宋徽州婺源人，生於福建路尤溪縣。南宋理學家，學者尊稱朱子，著有《易學啟蒙》專門分析易經象數卦理。　蔡西山字季通，號西山。福建省建陽麻沙人。朱熹門人，世稱西山先生。堪輿學家。　其父蔡發是著名理學家。

繼大師註五：　管輅，字公明，三國時代知名的占卜師、風水師，平原郡人，以卜筮著名。又稱管先師、觀相真君，著有出名的風水經典書籍 ——《管氏指蒙》。

郭璞，字景純，兩晉時期河東郡聞喜縣人，西晉建平太守郭瑗之子，為東晉著名風水祖師，著有《葬書》，「風水」一詞，因《葬書》而起，內文有：「**氣乘風則散，界水則止，古人聚之使不散，行之使有止，故謂之風水。**」

繼大師註六：「無極子」又稱「無極真人」，號「龍陽子」，又名「啟翁」。有人說無極子即是冷謙，但冷謙是元末明初武陵人，據說他與元朝國師劉秉忠相交，劉秉忠（1216 年 — 1274 年）以年代計算，不可能與無極子同一年代，故無極子並非是冷謙。

在武陵出版社 — 風水系列76《相地指迷》〈卷之三〉末段第93 — 94頁，內附有《冷仙論認局》，這「冷仙」並非「冷謙」，相信是坊間之誤傳吧！

無極子只是當時一位精通風水的出世修行者，著有《洞天秘錄》及《平陽金口訣》，《平陽金口訣》為梁溪 — 錢師裴註，他開始即說：

「無著禪師作此千金口訣。二百八十八字。平陽大義。盡包羅易。」

他很明顯地說，「無極子」即是「無著禪師」。

在武陵出版社 — 風水系列76《相地指迷》〈卷之八〉第201頁，內附有《洞天秘錄》，署名 — 元、無極子著，杜陵雲陽子註（雲陽子即蔣大鴻）。

《相地指迷》〈卷之九〉第227頁，內附有《平陽金口訣》署名 — 元、無極子著，梁溪錢師裴註（字晉公）。

蔣氏生於年丙辰年尾，陽曆在 1617 年二月二日，即他在 31 歲虛齡時已經研習陽宅風水數年。蔣氏在約 32 歲時南明唐王命任御史一職，因公開彈劾鄭芝龍（鄭成功之父親），後棄官離開福建，到處尋訪風水明師，後遇無極子學習風水，足以証明他是在 31 至 34 歲之間，約公元 1647 年至 1650 年之間在曠野平原上遇見其風水傳承師父無極子，得了真傳後，以十年時間了悟，再以十年間遊方考察鑽研風水，乃至內外無惑。

繼大師註七：「黃石青烏」指黃石公所傳下之風水秘書，《地理辨正疏》《卷一》之《青囊經》，就是原本黃石公所傳，由赤松子述義。

「青烏」指年幼的烏鴉，常念父母之恩德，父母死去，亦不斷憶念父母，不敢離去，常常夜啼哭訴，是非常具有孝心的鳥類動物，所以有「慈烏夜啼」之詩詞。在人類而言，父母逝世，能找到吉穴遷葬父母在好風水之地，即是報答父母養育之恩，故後世之人將「青烏」一詞，用以代表風水。

黃石公，約公元前292年－公元前195年，秦漢時道家修道之人，別稱「圯上老人」、「下邳神人」，（「邳」音皮，地方名。）因避秦世之亂，隱居東海下邳。其時張良因刺殺秦始皇失敗，藏身於下邳。於下邳橋上遇到黃石公，三試張良後，黃石公授與《太公兵法》及風水秘笈給張良。

繼大師註八：這一句的原文為：「**其俎豆之與爰書。皆以云救世。**」俎音左－在祭祀和宴客時用於盛載食物的兩種器皿。爰音媛，爰書－古代檢舉及追捕犯人的口供報告筆記。傳送罪犯的供辭或起訴書。

《本篇完》

（三）張心言疏解《地理辨正疏》序文　　繼大師白話意譯及註解

明末清初的蔣大鴻地師，在當時坊間搜集了南唐楊筠松（益）、曾求己（公安）、秦末漢初之黃石公、晉之郭璞等地理明師所留傳下來的風水秘本，把《青囊經》、《青囊序》、《青囊奧語》、《天玉經》和《都天寶照經》加以註解，並在《平砂玉尺辨偽》內文作《辨偽總論》，包括《辨順水行龍》、《辨貴陰賤陽》、《辨龍五行所屬》、《辨四大水口》、《辨陰陽交媾》、《辨砂水吉凶》、《辨八煞黃泉祿馬水法》、《辨分房公位》及《總論後》。

由蔣氏弟子姜垚註解楊筠松所著的《青囊奧語》，並在書後的《平砂玉尺辨偽文》後段加上《平砂玉尺辨偽總括歌》，蔣氏編輯成一書，名《地理辨正注》，於康熙二十九年（公元 1690 庚午年）完成，蔣大鴻地師可以說是繼楊公之後，將風水學問發揚光大，後世地師稱他為楊公之功臣。

繼蔣氏之後137年，三元地師張心言先生在《地理辨正注》之首頁，加上各種卦圖，並再加上疏解，在〈卷末〉加上《叢説》，內有《三合源流》、《三合偽法》及《形理總論》，改書名為《地理辨正疏》，于道光七年丁亥（公元一八二七年）出版，為三元風水理氣之經典書籍。

雖然在廿世紀有江西無常派地師孔昭蘇先生在他的著作《孔氏易盤易解》序文內，批評張氏曲解蔣氏之理，筆者繼大師認為，若真得三元秘訣的地師，真訣不會輕易公諸於世，會保留一定的秘密，所以容易給人誤會是曲解蔣氏之理，正如蔣大鴻地師在《地理辨正疏》〈辨偽文〉（武陵出版A－106，內第17頁）所說：

「姚水親隴告成。生平學地理之志已畢。自此不復措意。夫豈不欲傳之其人。然天律有禁。不得妄傳。苟非忠信廉潔之人。未許與聞一二也。」

內第18頁又云：「非挾其術以爲壟斷。故能三緘其口。不漏片言。庶不負僕之講求。」

能夠「三緘其口」的話，那麼怎可能「筆之於書」呢？其實張心言地師已經公開了蔣氏用六十四卦之說，他在《地理辨正疏凡例》（武陵出版內第22頁）云：

「經傳序語。俱作隱謎六十四卦。不露隻字。其中有關動卦理句。語顯豁者。加以雙圈。見所疏。並非穿鑿。」

張心言地師在序文中，頗多肺腑之言，筆者繼大師現將其序文意譯如下：

「觀天文，察地理，為易經所說，後用於風水地理學問上，兩者不能分開，風水有巒頭（即山川形勢）及理氣（六十四卦易盤中的方位及方向），兩者源頭道理相合，有人可從巒頭書籍裏而明白山川的形勢，但貫通地理形勢後，皆未能將前人的理氣學問消化明白。

自從唐、一行禪師撰僞書後（註一），理氣的真訣不出現於坊間，至南唐、楊筠松國師乘黃巢作亂，盜取了禁宮內由丘延瀚地師所著的《國內天機書》，（註二）

加以鑽研，然後著《天玉經》、《都天寶照經》，每借羅盤中的「廿四字山」，說易理中的六十四卦，說得非常隱祕，讀者不能明白。明末清初蔣大鴻地師見此，便搜集了各種地理祕本五卷作註解，並辨正之，但只作表面解釋，不肯透露真實祕密。

余（張氏）年幼時是孤兒，長大之後，想將雙親造葬，已經研究了山川形勢廿年，穴地之真假，一看就知道，但對於穴之立向功夫，仍然捉摸不定，於是遍遊八閩（「八閩」是福建省的別稱，福建省在元代分福州、興化、建寧、延平、汀州、邵武、泉州、漳州八路，明改爲八府，故有八閩之稱。）江西、江南各省勘察名墓，再訪各處風水高人隱士，始悟得風水真諦，無疑無惑。

自此回鄉之後，與朱爾謨、徐芝庭、崔止齋、潘景祺等志同道合之士朝夕鑽研，並深信風水易理，不外乎方圖及圓圖，宋、邵康節之《皇極經世》由此而推算，再覆核《天玉經》等各經之說，無非是弘揚及發揮易經之理。

蔣氏傳註諸經，引用比喻，實在是字字珠璣，真理不能變更，余（張氏）既得真傳，懼怕失傳於後世，故不揣固陋，將《地理辨正》逐一疏解，那麼易經風水的僞說便不攻自破，適逢國朝（清朝道光時期）易經之學昌明，御纂周易，說出前賢未說之學，作爲後學之橋樑，說明易學之理，而風水地理亦因此而悟，不敢一人獨得，故說出其祕密，公諸同好，況且風水地理難勝天理。

求穴地而不修德，未必能夠得到，或得地而臨時放棄，或穴地遭到破壞，這是必然的事，天道之理，在於福善禍淫，全在理數上，風水地理亦何必那麼庸祕。

道光七年丁亥春日橫山張心言書於培杏書屋（公元一八二七年）

筆者繼大師認為其實張心言地師，把蔣大鴻地師所註解的五部經典，再深入剖析，加以註疏，蔣氏作的是表面解釋，不肯揭開秘密，張氏在書的卷首加入各種卦圖，其中有橫圖、陳希夷方圓圖、卦運圖、挨星圖、七星打劫的圓形卦圖、順逆四十八局卦例等。

張氏有廿年的巒頭功夫，一看就知道穴之真假，自知對穴之立向功夫捉摸不定，故到處尋找秘本，得訣後加以研究，後疏解《地理辨正疏》，筆者繼大師認為，這是一本三元地理傳承的經典書籍，作為後人學習三元易盤理氣的明燈，一旦遇上明師傳授，得此書以作參考，使不失其宗旨，傳承不絕，對後世學習此道者，大有俾益。

繼大師註一：一行禪師作滅蠻經，出於曾求己著《**青囊序**》內，云：

「三才六建雖為妙。得三失五盡為偏。蓋因一行擾外國。遂把五行顛倒編。」

一行禪師活於唐代683－727年間，是唐、魏州昌樂人，本名張遂，為唐太宗功臣－張公謹之孫，曾有道士伊崇授以《太玄經》，因避開武三思之拉攏，避免牽涉王難之災，張遂至嵩山嵩陽寺剃度為僧。

（武三思649年－707年，並州文水人，今屬山西，女皇武則天的侄子，武周宰相，荊州都督武士彠之孫，武士彠，字信明，隋末唐初官員，是隨李淵在晉陽起兵的功臣，亦是中國唯一的女皇帝武則天的父親，死後諡號魏忠孝王。武三思因密謀廢太子李重俊，卻在重俊之變時被李重俊所殺。）

張遂出家的法號名敬賢，號一行，是金剛照之弟子，金剛照為唐、開元三大士（三大士為：善無畏、金剛智、不空）善無畏的弟子，張遂出家後，博覽群經，精通曆算。

開元九年，奉詔改曆，時經七年而成《大衍曆》初稿，是年冬十一月廿五日病逝於新豐，壽四十五虛歲。著有《地理經》、《呼龍經》、《地理訣》、《庫樓經》、《葬律秘密經》、《大衍論》、《金圖地鑑》等書，他又從善無畏大士筆受《大日經》，並作疏，為中國佛教唐代密宗之真言宗祖師。

繼大師註二：丘延翰的《國內天機書》的來源在唐高宗永徽年間（AD. 650－683），在河東聞喜縣有丘延翰先生，因得到異人傳授陰陽五行之術，於是能夠洞曉陰陽，依法替人遷葬，有無不應驗。

在唐開元年間（AD. 713 － 741），天象星宿有奇異之變化，朝廷見之，有所擔憂，是差遣使者巡查有異象的地方，現有一山墳乃丘延翰先生所造之地，乃是下詔而搜捕他，在坊間各處搜查，但找不到他，於是發出皇榜說明其罪，指他做葬山墳導致天有異象。

後唐玄宗召入宮中，聽兩其陰陽之學說，發覺其道理很精確可信，並賜之以官爵，丘延翰即以師授《天機書》于唐玄宗，并自撰《理氣心印》三卷進呈玄宗皇帝，帝以玉函金櫃藏之於瓊林寶庫內，並視為國寶。又擔心民間有人明白這些五術書籍內容，於是內供奉一行禪師所偽撰的《銅函經》一齊擺放，以假亂真。

二百年來不見此經。直至唐僖宗年間，（AD. 874 – 888）黃巢作亂（AD. 880），攻入長安城，京城失手，楊筠松與曾文辿同在軍隊之中，偷取此寶藏，發現它的封面寫上篆文，為《國內天機書》，就是當年丘延翰先生所撰寫給唐玄宗皇帝的書。他兩人逃回江右，即現今之江西興國縣梅窖鎮三僚村，楊公在此地著書立說，並教授風水。

《本篇完》

（四）辨偽文 —— 蔣平階撰　　繼大師白話意譯及註解

筆者繼大師將《辨偽文》意譯及註解如下：

我（蔣大鴻）廿歲時亡母，得先祖父蔣安溪先生之囑咐，跟從他學習地理達十年之久，始得其真傳。用他所傳的學問，考證遍佈大江南北古今的名墓又十年，然後開始明白其中道理，自此爲了益精求精。又用了十年時間，然後始明白其奧妙及變化，而我年紀已老矣。

造葬父母親的墳地已經完成，生平學地理的意願已了，自此之後，不會再有意向去追求風水學問了，我怎會不想將風水學問傳授給與別人呢！但是天律有所禁忌，不得妄傳，若非忠信廉潔之人，是禁止他們知道的。

丹陽之張孝廉（字仲馨），丹徒之駱孝廉（字士鵬），山陰之呂文學（字相烈），會稽之姜垚，武陵之胡泰徵，淄川之畢解元（字世持）等人，皆是職業風水命相師，因爲粗略得知這些風水知識，各君子等人，他們都是聰明智慧年青而有才幹的人，或是初出道入職此行業之人，他們自置甚高，不可一世，爲何不以守護風水之學問爲根本呢！這並非在得到風水的真道後而作壟斷，若能三緘其口，不漏片言，則不負我對他們的要求了。

若他們爲了生活而用風水作爲職業，我未嘗不憐憫他們，但若是冒著禁忌而傳風水真道於他人，則我未敢以准許也。至於我的真傳，是有訣無書，這最寶貴的地方，在於心傳口授，非言語可以道出。古書多有冒充，一半屬於僞造，故我（蔣大鴻）註解《地理辨正注》一書，以此正確的言論救世，之後自覺學有所得，所以作《天元五歌》，然而皆逍遙自在，所謂去其渣滓，內容必講求其精微，但我亦不在乎這些，此外別無祕本，以此自成一家之書。

近來聽聞三吳、兩浙等地，（註）都有人自稱得到我（蔣大鴻）的真傳，以此自我炫耀，亦有人自撰僞書，指爲我（蔣大鴻）本人所著作之祕本，以此迷惑後來學者。天地那麼大，什麼事物不能包容呢！但恐怕僞託之人，心術不正，以不正之學術，謀人身家，必誤人之身家，以不正之書，傳之後世，必留下禍根於後世。我不忍不辨，惟有識之士察看之。《完》

繼大師註：三吳指吳郡、吳興郡、會稽郡等地，會稽即現在的紹興。兩浙指現今的浙江省，以富春江為界，分為浙東、浙西。

《本篇完》

（五）《地理辨正疏》凡例一、二　　繼大師

張心言地師與「朱爾謨、崔止齋、徐瑞芝、潘景祺」等風水同道互相分享心得，把很多東西都註疏在《地理辨正疏》內。在〈地理辨正疏凡例〉（武陵出版內第21－24頁）提出有七項關於閱讀此書內容的提示，現筆者繼大師闡釋如下：

《地理辨正疏》內**《第一項》**所說：

是指八卦陰陽有兩種，說法有所不同。論流行而言，則「乾☰、震☳、坎☵、艮☶」為陽。「坤☷、巽☴、離☲、兌☱」為陰。

以卦之對待而言，則以「乾☰、坤☷、坎☵、離☲」為陽。「震☳、巽☴、艮☶、兌☱」為陰。

一論對待，一論流行，並沒有抵觸，筆者繼大師認為，一個是立向收山出煞，一個是兼配龍山向水，卦之用法，千變萬化，不能盡述，非內行人，沒有師承，不能明白。

楊公所說：「**龍分陰陽兩片取。水對三叉細認宗。**」陰陽就是後天卦宮之位置，由後天西北乾位順時針方向排列，陽為「乾☰、坎☵、艮☶、震☳」，陰為「巽☴、離☲、坤☷、兌☱」，兩極之陰陽交界線為廿四山之「辰、戌」二山，因此「辰、戌」二山被喻為「天羅地網」位，配上先天數，為「乾☰九、震☳八、坎☵七、艮☶六」為陽，「坤☷一、巽☴二、離☲三、兌☱四」為陰。

另一組陰陽亦是先天數配卦，指「乾☰九、坤☷一、坎☵七、離☲三」，因這四個卦為天地水火「四正卦」，倒轉看為綜卦，上下卦互換為覆卦，無論綜卦或覆卦，其卦象不變，所以為陽，南韓國旗的標誌，就是太極中的「乾☰坤☷坎☵離☲」四正卦，不排除古代南韓是一個研究易經狂熱的國家。

其餘四卦是「震☳八、巽☴二、艮☶六、☱兌四」，震卦☳之綜卦為艮卦☶，艮卦☶之綜卦為卦震☳，巽卦☴之綜卦為兌卦☱，兌卦☱之綜卦為巽卦☴，各兩組之兩個卦互相為綜卦，卦象變動，故這四卦為陰。

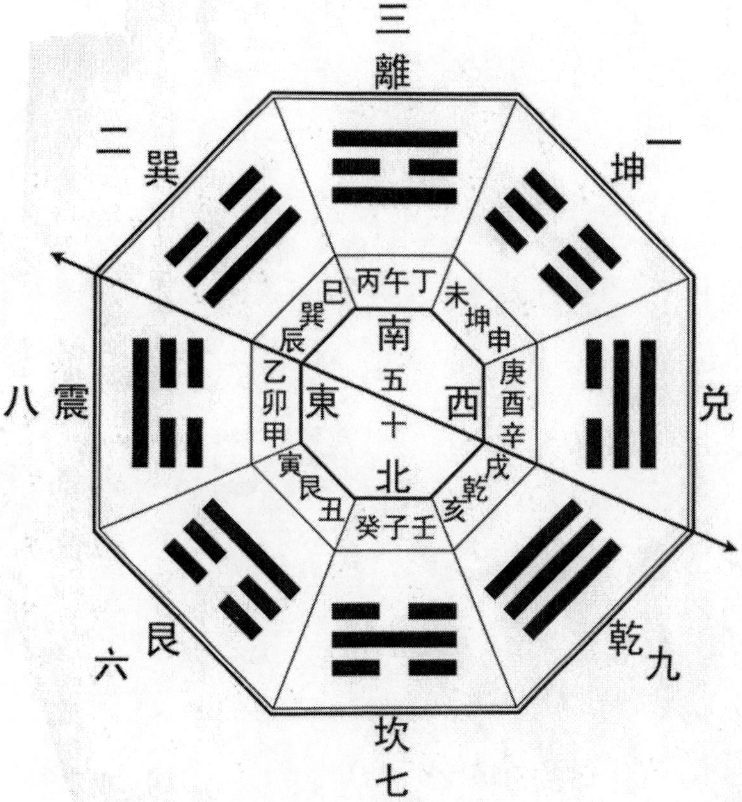

辰戌天羅地網圖

壬寅仲春

繼大師圖

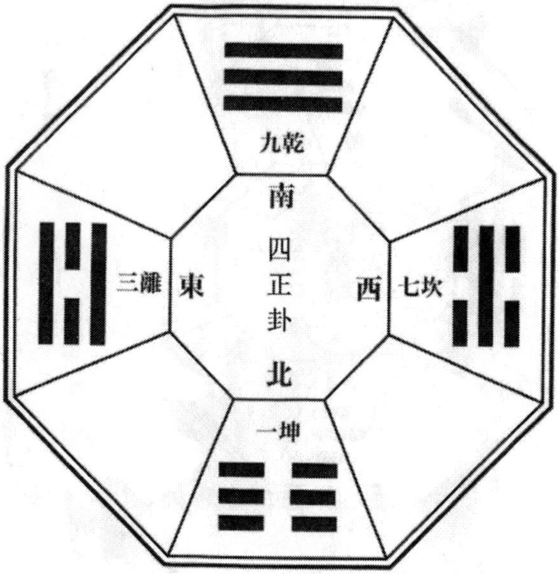

繼大師圖
壬寅仲春

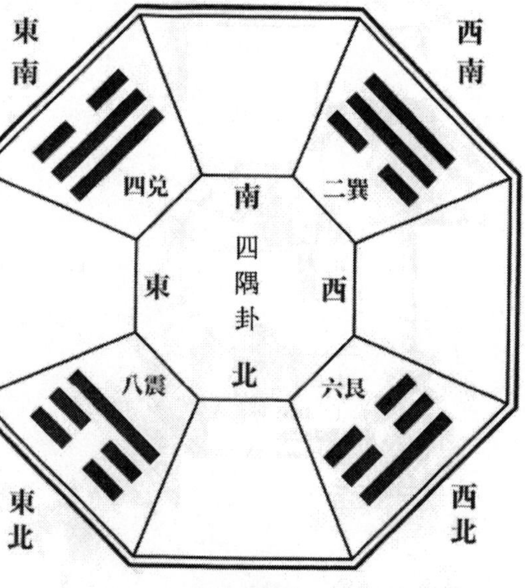

繼大師圖
壬寅仲春

兩組所定出之陰陽，各自用法不同，一用於「龍、山、向、水」上之配卦法，一用於收山收水，收零神、正神，用於立向。

《第二項》所說：

楊筠松及曾求己地師故意用通俗的詞語，去解釋風水上的卦理，如「翻天倒地、關天關地、顛顛倒、團團轉、看雌雄、去打劫」等名詞，文字愈淺，則意義愈深，讀者切勿疏忽錯過這些句子的含意。

《天玉經》云：「**翻天倒地對不同。祕密在玄空。**」筆者繼大師認為「翻天倒地」即是「綜卦」。

《天玉經》又云：「**關天關地定雌雄。富貴此中逢。**」繼大師認為「關天關地」即是六爻卦的天卦及地卦，在產生卦運的同時，亦具備了陰陽，合得雌雄陰陽，定能富貴。

「**顛顛倒**」即是卦之「錯、綜、互、變」，有「卦反」及「爻反」，以巒頭中的山、水及「嶠星」來配合使用。

「**團團轉**」出自《青囊序》：「**陽從左邊團團轉。陰從右路轉相通。**」其一，說出六十四卦之排列卦序，由南方「離宮☲」午位，逆時鐘方向排去北方「坎宮☵」，為順排，屬「陽」，再跳上午位，順時鐘方向右旋，為逆排，排出各六十四卦的位置。

其二，說出六十四卦各卦中的卦爻排列位置，各六十四卦之上下卦，若是「陽見陽」及「陰見陰」，以繼大師所認知，初爻以逆時鐘方向排，由右起向左排列到上六爻止，如乾卦䷀。若是「陽見陰」或「陰見陽」，初爻以順時鐘方向排，由左起向右排列到上六爻止，如姤卦䷫。

「**看雌雄**」繼大師認為在理氣方面，即是以上兩種卦之陰陽，在巒頭方面，即山不動屬「陰」，水是動屬「陽」。

「**去打劫**」繼大師認為就是張心言地師在《地理辨正疏》卷首內其中之一的八個卦圖表「一與三通，二與四通，六與八通，七與九通。」

《本篇完》

（六）《地理辨正疏》通卦原理詳解

繼大師

各運綜卦互通表，每一組卦各變三、四兩爻，為「七星去打劫」。

「一與三通」八個卦：乾䷀與風澤中孚䷼，坤䷁與雷山小過䷽，離䷝與山雷頤䷚，坎䷜與澤風大過䷛。（此八個卦為不動卦。）

「三與一通」八個卦：

水天需䷄與兌卦䷹，火地晉䷢與艮卦䷳，地火明夷䷣與震卦䷲，天水訟䷅與巽卦䷸。（需卦䷄與訟卦䷅，晉卦䷢與明夷卦䷣，艮卦䷳與震卦䷲，兌卦䷹與巽卦䷸等，全部都是綜卦關係。）

「二與四通」八個卦：

雷天大壯䷡與地澤臨䷒，風地觀䷓與天山遯䷠，澤火革䷰與水雷屯䷂。山水蒙䷃與火風鼎䷱。（大壯䷡與遯䷠，臨䷒與觀䷓，革䷰與鼎䷱，屯䷂與蒙䷃等卦，全部都是綜卦關係。）

「**四與二通**」八個卦：

山天大畜䷙與火澤睽䷥，地風升䷭與雷水解䷧，風火家人䷤與天雷无妄䷘，澤地萃䷬與水山蹇䷦。（大畜䷙與无妄䷘，睽䷥與家人䷤，萃䷬與升䷭，解䷧與蹇䷦等卦，全部都是綜卦關係。）

「**六與八通**」八個卦：

風水渙䷺與天風姤䷫，山地剝䷖與火山旅䷷，澤天夬䷪與水澤節䷻，雷火豐䷶與地雷復䷗。（渙䷺與節䷻，姤䷫與夬䷪，剝䷖與復䷗，旅䷷與豐䷶等卦，全部都是綜卦關係。）

「八與六通」八個卦：

風天小畜䷈與天澤履䷉，山火賁䷕與火雷噬嗑䷔，水風井䷯與澤水困䷮，雷地豫䷏與地山謙䷎。（小畜䷈與履䷉，賁䷕與噬嗑䷔，井䷯與困䷮，豫䷏與謙䷎等卦，全部都是綜卦關係。）

「七與九通」八個卦：

火天大有䷍與山澤損䷨，天火同人䷌與風雷益䷩，水地比䷇與澤山咸䷞，地水師䷆與雷風恒䷟。（大有䷍與同人䷌，比䷇與師䷆，益䷩與損䷨，咸䷞與恆䷟等卦，全部都是綜卦關係。）

「九與七通」八個卦：

地天泰䷊與雷澤歸妹䷵，水火既濟䷾與澤雷隨䷐，山風蠱䷑與火水未濟䷿，風山漸䷴與天地否䷋。（泰䷊與否䷋，歸⊠䷵與漸䷴，既濟䷾與未濟䷿，蠱䷑與隨䷐等卦，全部都是綜卦關係。）

以上各類通卦、綜卦與《天玉經》所說：「翻天倒地對不同。祕密在玄空。」有關。

附表如下：

星運	卦運								
貪	一	乾	兌	離	震	巽	坎	艮	坤
祿	三	中孚	需	頤	明夷	訟	大過	晉	小過
巨	二	大壯	睽	革	無妄	升	蒙	蹇	觀
文	四	臨	大畜	屯	家人	解	鼎	萃	遯
武	六	夬	履	豐	噬嗑	井	渙	謙	剝
輔	八	節	小畜	復	賁	困	姤	豫	旅
破	七	大有	歸妹	同人	隨	蠱	師	漸	比
弼	九	損	泰	益	既濟	未濟	恆	否	咸

變三四爻關係謂之通卦　一與三通　二與四通　六與八通　七與九通

繼大師表　壬寅仲春

《本篇完》

（七）《地理辨正疏》凡例三、四、五、六、七　繼大師

《**第三項**》所說：

卷中有時說：「**論龍卽是水。水卽是龍。**」有時說：「水卽是水。龍卽是龍。」砂有時說得極重要，有時說可以不取，繼大師認為這樣的說法，是以山崗龍與平洋龍的分別而論，巒頭砂法配合元空大卦，在應驗上有所不同，知其原理，方能明白。

《**第四項**》的提示所說：

書中多以謎語方式寫成，隱藏六十四卦，不露隻字，以廿四山說六十四卦，書中有重要的提示，側旁則有雙圈顯示。尤其是在蔣著《平砂玉尺辨偽》卷中借點六十四卦數語，亦有雙圈顯示，以提醒讀者留意，而張心言書之文章亦由朱爾謨、崔止齋手定。

《**第五項**》的提示所說：

張氏所疏解的經中函義，內容簡潔涵蓋，並沒有多餘的，惟有卦運圖簡略而未有清楚說明，但經義已經寫下，並非秘密，他想讀者深入得知，被免只學到表面的皮毛功夫。

《第六項》的提示所說：

閱讀這本書之前，宜先讀古本之巒頭書籍，如《山洋指迷》一書，亦頗為醇正可觀，多登臨真結之穴地現場勘察，然後將此書切實地深入研究，否則逾越等級，不按次序而學習，心中茫然而有所不定。

《第七項》的提示所說：

《地理辨正疏》中稱「疏者」是疏解蔣大鴻先師所傳註此經的涵意，稱「補註者」是補述蔣氏傳註所遺留下來的經義，因為蔣氏沒有將經文內容清楚地說明，所以將其補註，是書揭開蔣氏不公開的秘密，公諸同好，故以《地理辨正疏》命名，以「疏」字總括其大旨也。

以上七項提示，可令讀者更加瞭解如何閱讀此經的內容，筆者繼大師很幸運地得到恩師 呂克明先生的教導，傳以蔣大鴻先師所傳註，及張心言先師所疏註的《地理辨正疏》，能清楚明白，而沒有遺留經中的涵義，可謂一脈相傳，個人所花的時間及心血，已經超過卅年，若是心術不正及求名求利者，就不能得到真正的風水學問，巒頭理氣，合而為一，始能發揮出地理之力量。

《本篇完》

（八）《地理辨正疏》卷首圖說 —— 海鹽張心言綺石述

繼大師註

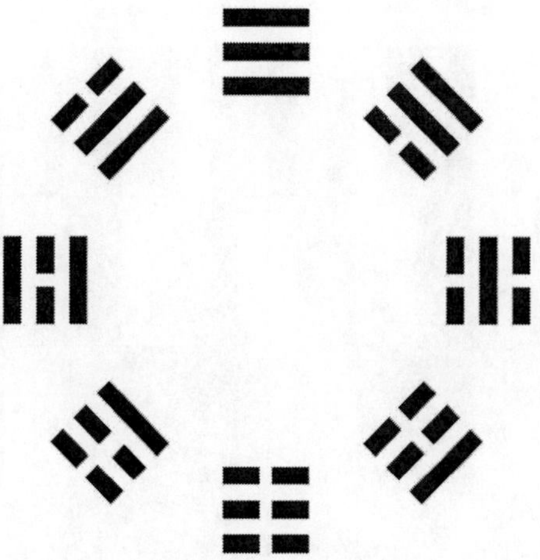

先天八卦

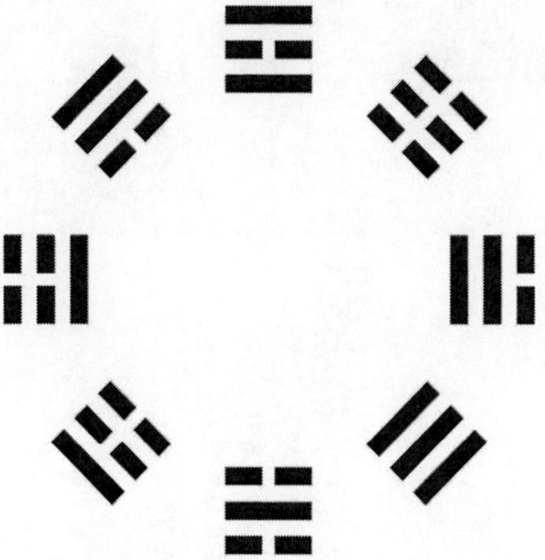

後天八卦

張心言撰寫之原文：橫圖中之白格陽爻也。黑格陰爻也。自乾䷀至復䷗。初爻皆陽。自姤䷫至坤䷁，初爻皆陰。為陰儀。而上爻則一陰一陽相間。於此可翫（翫音環，意爲：玩）對待流行之義。

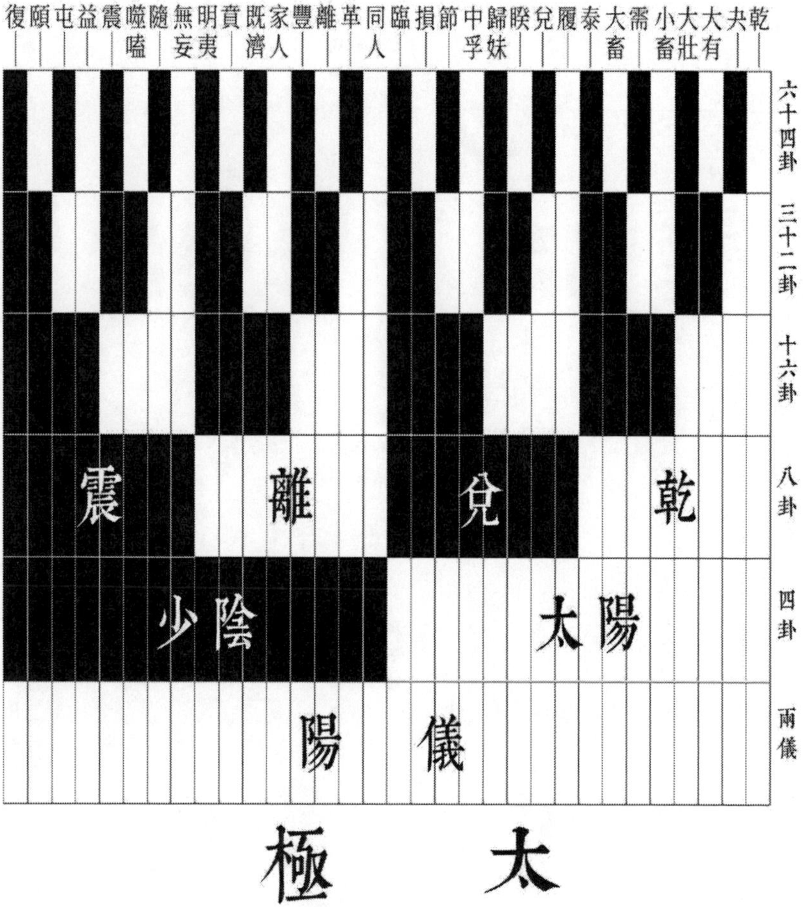

橫圖中之白格陽爻也。黑格陰爻也。自乾䷀至復䷗。初爻皆陽。自姤䷫至坤䷁，初爻皆陰。為陰儀。而上爻則一陰一陽相間。於此可翫（翫音環，意為：玩）對待流行之義。

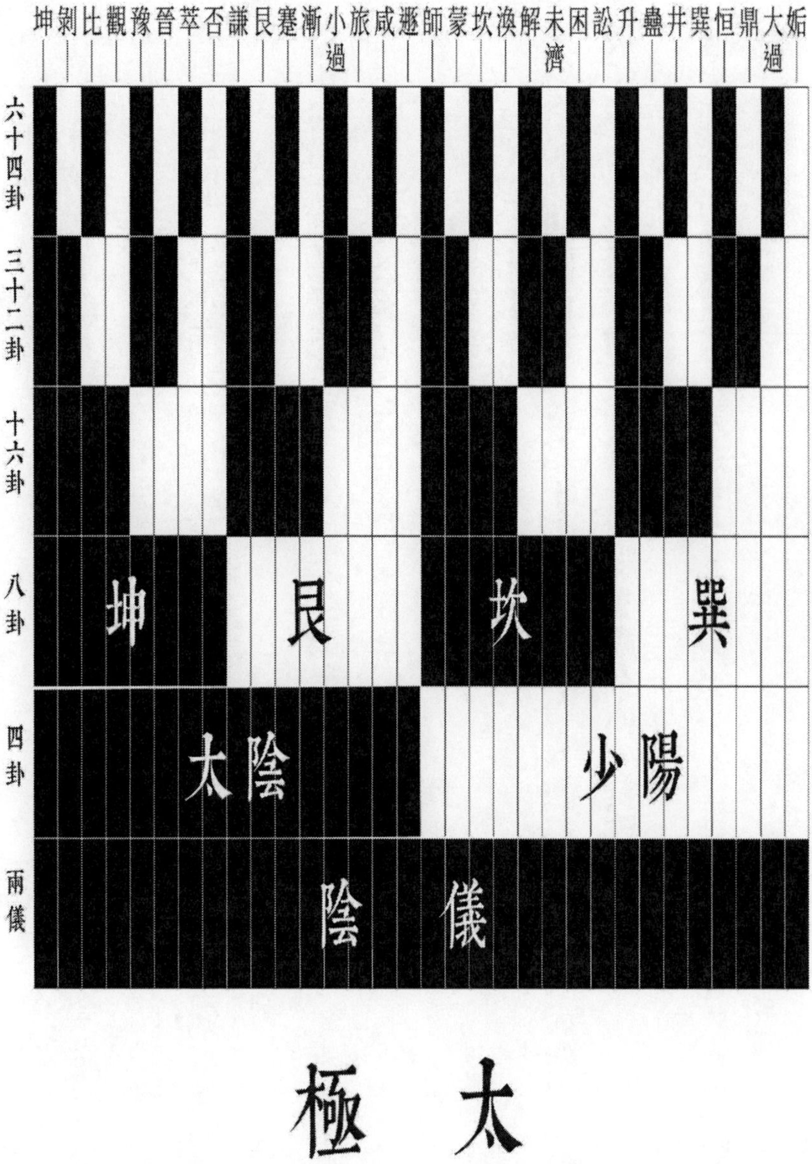
坤 剝 比 觀 豫 晉 萃 否 謙 艮 蹇 漸 小過 旅 咸 遯 師 蒙 坎 渙 解 未濟 困 訟 升 蠱 井 巽 恒 鼎 大過 姤
六十四卦
三十二卦
十六卦
八卦
坤 艮 坎 巽
四卦
太陰 少陽
兩儀
陰儀
極太

繼大師註：

這圖看似平平無奇，甚為簡單，其實其原理就是唐、丘延瀚著《理氣心印》的主旨，其中心思想就是，將易經陰陽所演化的原理，應用於編排六十四卦的順序，每一個六十四卦依照此等原理而排列，放在一個 360 度圓周內，成為三元羅盤中的六十四卦外盤。

以筆者繼大師的經驗它是自然所產生的卦象，「龍、穴、砂、水」依此法則，立向收山收水，則吉凶禍福，全在掌握之中。

原文：**邵氏所得陳希夷子方圓兩圖**

朱子曰。此圓圖佈者。乾盡午中。坤盡子中。離盡卯中。坎盡酉中。陽生於子中。盡於午中。陰生於午中。極於子中。其陽在南。其陰在北方。

繼大師註：邵氏由陳希夷處所得之方圓兩圖，其實就是三元羅盤之內外盤的六十四卦順序排列組合。

（九）三元內外盤六十四卦排列原理詳解

繼大師

圓圖為外盤，外盤圓圖就是三元羅盤外盤，即是天盤，是天盤六十四卦的順序排列組合。方圖為內盤，即是地盤，內盤方圖排列成圓圖，放在三元羅盤的內層，就是三元羅盤地盤六十四卦的順序排列組合。

宇宙之間一切萬物源於「無極」，是「自無至有」，無極生太極，太極生陰陽，筆者繼大師將其演化的過程述之如下：

一劃⚊為陽爻，兩劃⚋（斷劃）為陰爻。

（一）太陽⚌ ｜ 第一個排法，以陽爻先排列，然後陽爻頂上再加陽爻，兩陽爻名為「太陽」。

（二）少陰⚍ ｜ 第二個排法，以陽爻頂上加陰爻，陰爻在上，陽爻在下，名為「少陰⚍」。

（三）少陽⚊⚋——第三個排法，陰爻頂上加陽爻，陽爻在上，陰爻在下，名為「少陽」。

（四）太陰⚋⚋——最後第四個排法，是陰爻頂上再加陰爻，兩陰爻名為「太陰」。

「太陽⚊⚊」、「少陰⚋⚊」、「少陽⚊⚋」、「太陰⚋⚋」名為「四象」，是兩爻的卦象。再將兩爻的「四象」頂上加上陽爻、陰爻的順序，成為三爻卦。

筆者繼大師將其「三爻卦」的八卦順序排列詳細解說如下：

「乾卦☰」——首先以「太陽⚊⚊」兩陽爻頂上加上一陽爻，是為「乾卦☰」，口訣為「**乾三連**」，即是連續三爻的陽爻。

「兌卦☱」——兩陽爻頂上加上一陰爻，是為「兌卦☱」，口訣為「**兌上缺**」，即是頂陰爻，初爻、二爻為陽爻。

「離卦☲」──「少陰⚋⚊」陰爻在上，陽爻在下，頂上再加上一陽爻，即是三爻之中，中間一爻屬於陰爻，初爻、三爻為陽爻，為「離卦☲」，口訣為「離中虛」。

「震卦☳」──「少陰⚋⚊」陰爻在上，陽爻在下，頂上再加上一陰爻，即是三爻之中，二爻、三爻屬於陰爻，初爻為陽爻，為「震卦☳」，口訣為「震仰盂」。

「巽卦☴」──「少陽⚊⚋」兩爻之中，陽爻在上，陰爻在下，頂上再加上一陽爻，即是三爻之中，二爻、三爻為陽爻，初爻為陰爻，為「巽卦☴」，口訣為「巽下斷」。

「坎卦☵」──「少陽⚊⚋」兩爻之中，陽爻在上，陰爻在下，頂上再加上一陰爻，即是三爻之中，初爻、三爻為陰爻，二爻為陽爻，為「坎卦☵」，口訣為「坎中滿」。

「艮卦☶」──「太陰⚋⚋」為兩陰爻，「太陰」之兩陰爻頂上再加上一陽爻，即是三爻之中，初爻、二爻為陰爻，三爻為陽爻，為「艮卦☶」，口訣為「艮覆碗」，卦象像一個覆轉的碗。

「坤卦☷」──「太陰⚋⚋」之兩陰爻頂上再加上一陰爻，即是三爻全屬於陰爻，為「坤卦☷」，口訣為「坤六斷」。

由此原則排列的三爻爻中，形成了先天八卦，其卦序是：「乾☰、兌☱、離☲、震☳、巽☴、坎☵、艮☶、坤☷」。

於是乎將此先天八卦的順序放在一個圓週內，成為先天八大卦宮位，筆者繼大師發現每一個八大卦宮位佔了45度，由「午位正線」向左旋逆時針方向而排至「子位正線」，口訣為：「**陽從左邊團團轉**」，分出四個宮位，為先天八大卦宮位，其卦序是：「乾☰、兌☱、離☲、震☳。」

以廿四山的方位位置而言，首四個先天八大卦為：

「乾☰」宮——正「午」山至正「巽」山。

「兌☱」宮——正「巽」山至正「卯」山。

「離☲」宮——正「卯」山至正「艮」山。

「震☳」宮——正「艮」山至正「子」山。

排列完後再跳回「午位正線」向右旋而排至「子位正線」，口訣為：

「**陰從右路轉相通**」。

後四個先天八大卦宮位在廿四山之位置為：

「巽☴」宮——正「午」山至正「坤」山。

「坎☵」宮——正「坤」山至正「酉」山。

「艮☶」宮——正「酉」山至正「乾」山。

「坤☷」宮——正「乾」山至正「子」山。

我們分了先天八大宮位之後，以先天八大宮位的三爻卦為下卦，再將「乾☰、兌☱、離☲、震☳、巽☴、坎☵、艮☶、坤☷」三爻卦的排列卦序，分佈在先天八大宮位之上卦，兩組三爻卦，一上卦，一下卦，於是乎成為了六爻卦，每個先天八大宮位內八個六爻卦，地卦相同，依照此種排列方式，將八八六十四卦裝在一個360度的圓圈之內，於是乎三元羅盤的天盤形成矣。

即是邵氏所得陳希夷的「圓圖」，根據以上先天八大宮位排列的原理，每個宮位加入上卦，依照「乾☰、兌☱、離☲、震☳、巽☴、坎☵、艮☶、坤☷」的排列次序。

「乾☰為天，兌☱為澤，離☲為火，震☳為雷，巽☴為風，坎☵為水，艮☶為山，坤☷為地。」其排列名稱順序為：「天、澤、火、雷、風、水、山、地」。

無極、太極、兩儀、四象、八卦圖

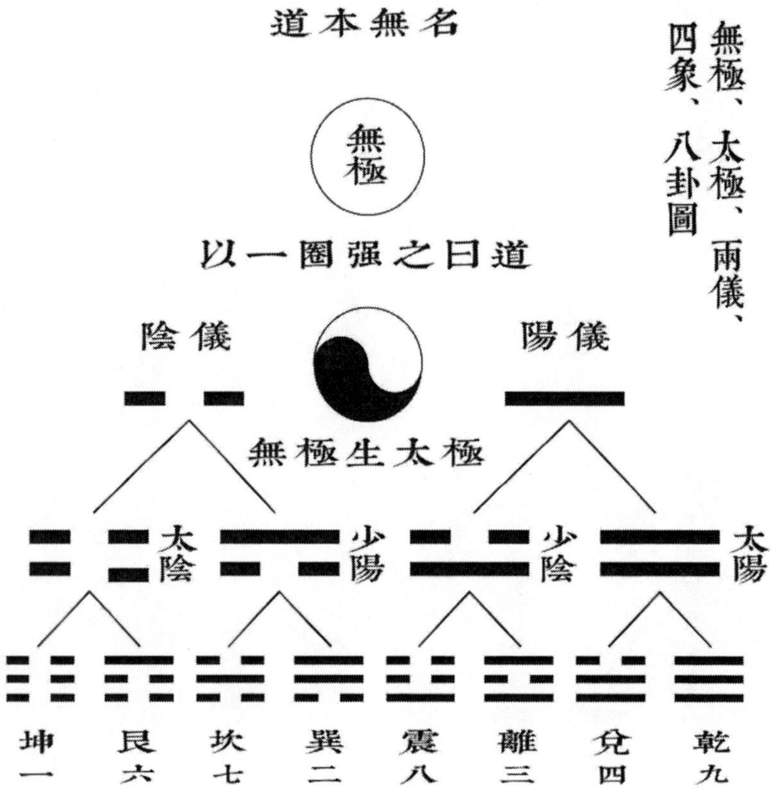

繼大師圖
辛丑仲秋

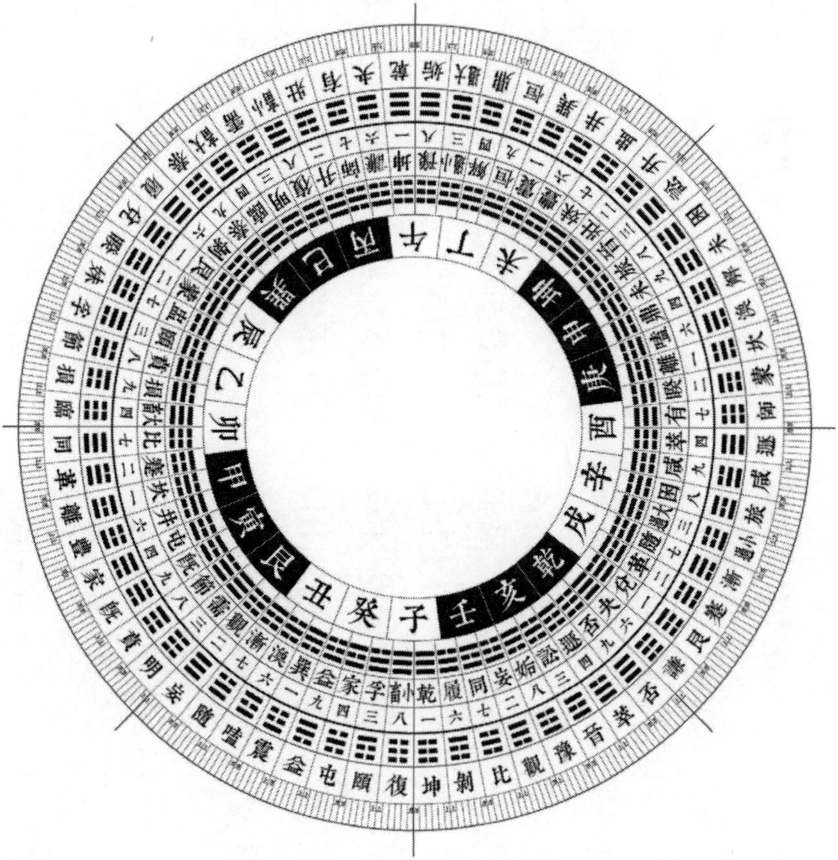

三元易卦內外盤
繼大師編
壬寅仲春

依次序裝成六十四卦，由「午位正線」向左旋而排至「子位正線」，分出四個宮位，為「乾☰、兌☱、離☲、震☳」作下卦，再將「乾☰、兌☱、離☲、震☳、巽☴、坎☵、艮☶、坤☷」放在每一個宮位內作上卦，形成每個宮位有八個六爻卦。

筆者繼大師現列出口訣為：「**陽從左邊團團轉**」的排列次序列之如下：

乾宮：「乾為天䷀、澤天夬䷪、火天大有䷍、雷天大壯䷡、風天小畜䷈、水天需䷄、山天大畜䷙、地天泰䷊。」

兌宮：「天澤履䷉、兌為澤䷹、火澤睽䷥、雷澤歸妹䷵、風澤中孚䷼、水澤節䷻、山澤損䷨、地澤臨䷒。」

離宮：「天火同人䷌、澤火革䷰、離為火䷝、雷火豐䷶、風火家人䷤、水火既濟䷾、山火賁䷕、地火明夷䷣。」

震宮：「天雷無妄䷘、澤雷隨䷐、火雷噬嗑䷔、震為雷䷲、風雷益䷩、水雷屯䷂、山雷頤䷚、地雷復䷗。」

三元易卦內外盤

繼大師

壬寅仲春

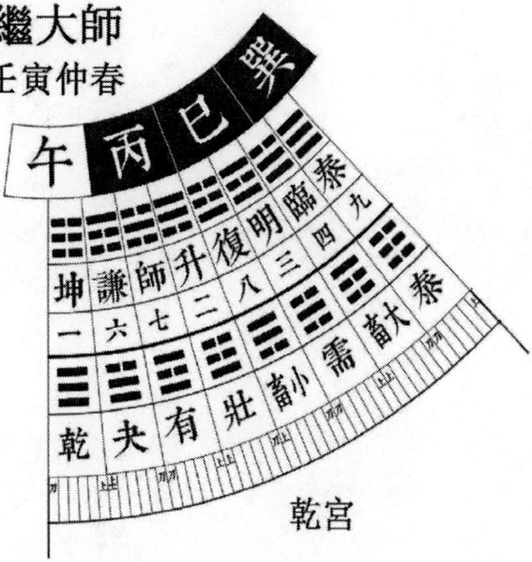

乾宮

外盤乾宮

乾為天䷀、澤天夬䷪

火天大有䷍、雷天大壯䷡

風天小畜䷈、水天需䷄

山天大畜䷙、地天泰䷊

三元易卦內外盤

繼大師

壬寅仲春

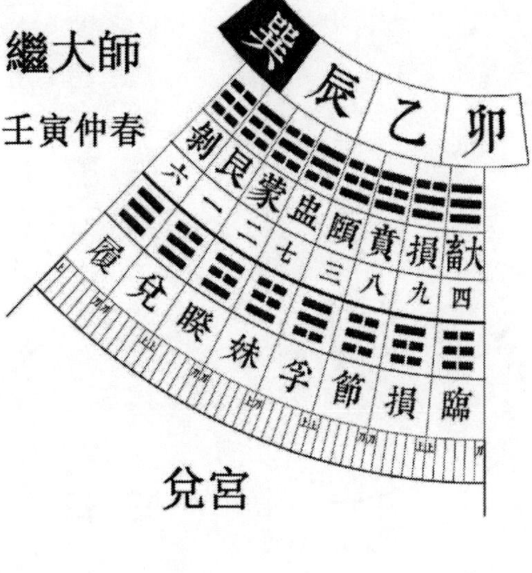

兌宮

外盤兌宮

天澤履䷉、兌為澤䷹

火澤睽䷥、雷澤歸妹䷵

風澤中孚䷼、水澤節䷻

山澤損䷨、地澤臨䷒

三元易卦內外盤

繼大師
壬寅仲春

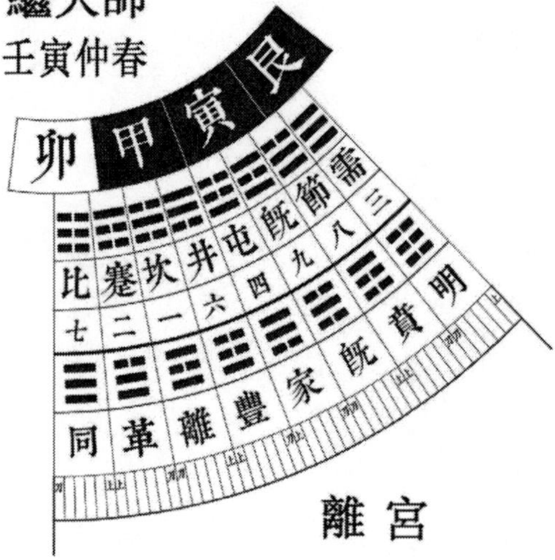

外盤離宮

天火同人䷌、澤火革䷰
離為火䷝、雷火豐䷶
風火家人䷤、水火既濟䷾
山火賁䷕、地火明夷䷣

三元易卦內外盤

繼大師
壬寅仲春

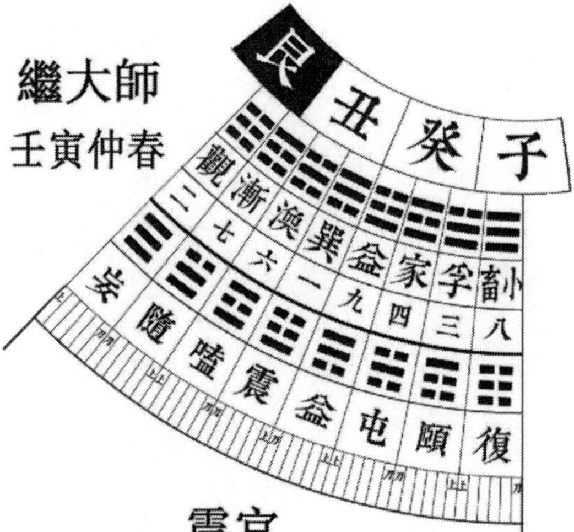

外盤震宮

天雷無妄䷘、澤雷隨䷐
火雷噬嗑䷔、震為雷䷲
風雷益䷩、水雷屯䷂
山雷頤䷚、地雷復䷗

排列「子位正線」後，再跳回「午位正線」向右旋而排至「子位正線」，以上卦的「乾☰、兌☱、離☲、震☳、巽☴、坎☵、艮☶、坤☷」的排列次序，放在「巽☴、坎☵、艮☶、坤☷」四個宮位內，大宮位卦為下卦。

筆者繼大師現列出其餘卅二卦，口訣為：「**陰從右路轉相通**」如下：

巽宮：「天風姤䷫、澤風大過䷛、火風鼎䷱、雷風恒䷟、巽為風䷸、水風井䷯、山風蠱䷑、地風升䷭。」

坎宮：「天水訟䷅、澤水困䷮、火水未濟䷿、雷水解䷧、風水渙䷺、坎為水䷜、山水蒙䷃、地水師䷆。」

艮宮：「天山遯䷠、澤山咸䷞、火山旅䷷、雷山小過䷽、風山漸䷴、水山蹇䷦、艮為山䷳、地山謙䷎。」

坤宮：「天地否䷋、澤地萃䷬、火地晉䷢、雷地豫䷏、風地觀䷓、水地比䷇、山地剝䷖、坤為地䷁。」

三元易卦內外盤

繼大師
壬寅仲春

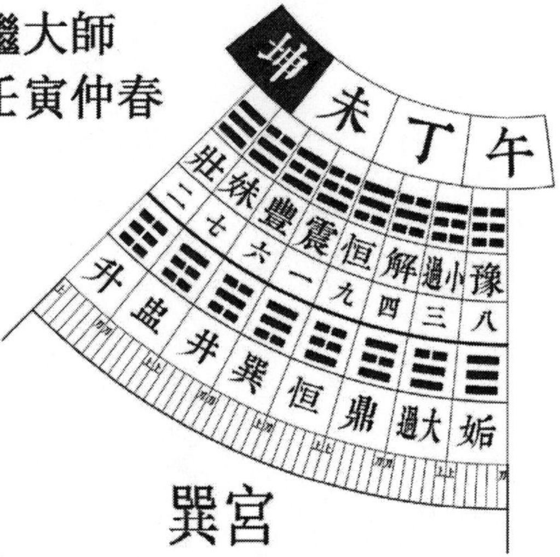

外盤巽宮

天風姤、澤風大過

火風鼎、雷風恒

巽為風、水風井

山風蠱、地風升

三元易卦內外盤

繼大師
壬寅仲春

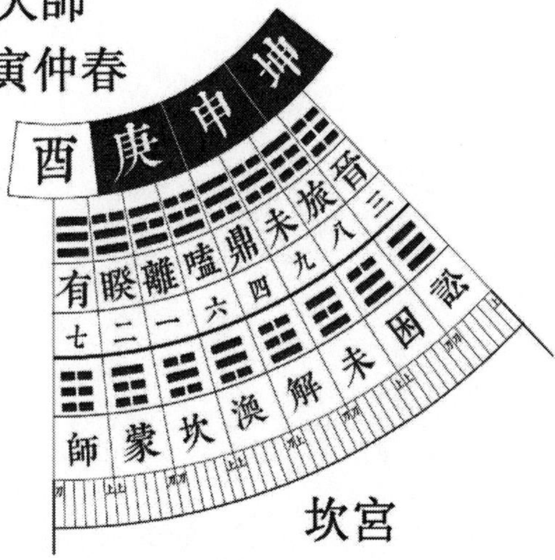

外盤坎宮

天水訟、澤水困

火水未濟、雷水解

風水渙、坎為水

山水蒙、地水師

三元易卦內外盤

繼大師

壬寅仲春

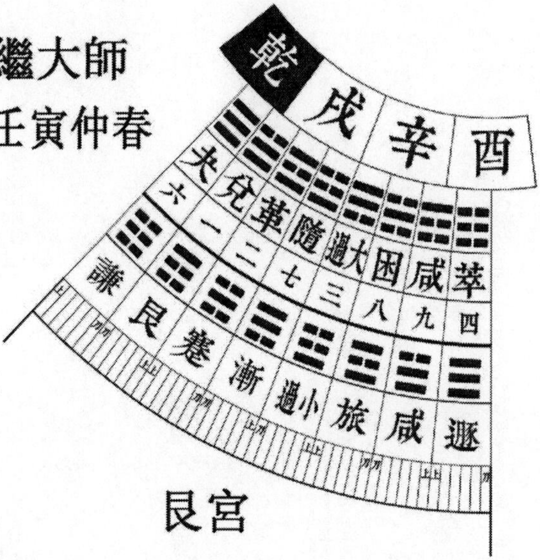

艮宮

外盤艮宮

天山遯、火山旅、風山漸、艮為山、

澤山咸、雷山小過、水山蹇、地山謙

三元易卦內外盤

繼大師

壬寅仲春

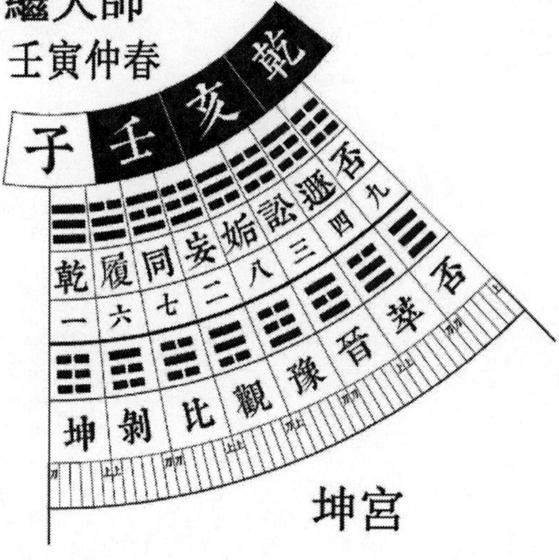

坤宮

外盤坤宮

天地否、火地晉、風地觀、山地剝、

澤地萃、雷地豫、水地比、坤為地

於是乎六十四卦的排列位置定矣，由於是這樣的排列方式，筆者繼大師闡釋有如下特徵：

初爻之陰陽：

（一）此廿四山之「正午」左旋（逆時針方向）至「正子」位置為陽順，所有此範圍內的六爻卦中各卅二卦初爻，均是陽爻。

（二）由「午位正線」向右旋（順時針方向）而排至「子位正線」位置為陰逆，其範圍內的卅二個六爻卦中的初爻，均是陰爻。

二爻之陰陽：

（三）「乾☰、兌☱」二宮 — 正「午」山 左旋至正「卯」山。此兩個宮位內的十六個卦，其二爻均是陽爻。巽☴、坎☵二宮，亦是第二爻屬陽爻。

（四）「離☲、震☳」二宮 — 正「卯」山 左旋至正「子」山。此兩個宮位內的十六個卦，其二爻均是陰爻。艮☶、坤☷二宮，亦是第二爻屬陰爻。

三爻之陰陽：

(五)「乾☰」宮 — 正「午」山至正「巽」山，乾宮八個卦之中，其三爻均是陽爻。

(六)「兑☱」宮 — 正「巽」山至正「卯」山，兑宮八個卦之中，其三爻均是陰爻。

(七)「離☲」宮 — 正「卯」山至正「艮」山，離宮八個卦之中，其三爻均是陽爻。

(八)「震☳」宮 — 正「艮」山至正「子」山，震宮八個卦之中，其三爻均是陰爻。

四爻之陰陽：

(九)「乾☰」宮 — 正「午」山至正「丙巳」山界線，乾宮首四個卦之中，其四爻均是陽爻。

(十)「乾☰」宮 — 正「丙巳」山界線至「巽」山正線，乾宮後四個卦之中，其四爻均是陰爻。

(十一)「兑☱」宮 — 正「巽」山至正「辰乙」山正線，兑宮首四個卦之中，其四爻均是陽爻。

(十二)「兑☱」宮 — 正「辰乙」山正線至「卯」山正線，兑宮後四個卦之中，其四爻均是陰爻。

（十三）「離☲」宮——正「卯」山至正「甲寅」山界線，離宮首四個卦之中，其四爻均是陽爻。

（十四）「離☲」宮——正「甲寅」山界線至「艮」山正線，離宮後四個卦之中，其四爻均是陰爻。

（十五）「震☳」宮——正「艮」山至正「丑癸」山界線，震宮首四個卦之中，其四爻均是陽爻。

（十六）「震☳」宮——正「丑癸」山界線至「子」山正線，震宮後四個卦之中，其四爻均是陰爻。

五爻之陰陽：

（十七）每兩個六十四卦一組，第五爻由陽爻排起，筆者繼大師詳解如下：

陽儀卅二個六爻卦之第五爻由陽爻排起：

「乾宮」八個卦內：「乾䷀」、「夬䷪」第五爻陽爻，「大有䷍」、「大壯䷡」第五爻陰爻，「小畜䷈」、「需䷄」第五爻陽爻，「大畜䷙」、「泰䷊」第五爻陰爻。

「兌宮☱」八個卦內：「履䷉、兌䷹」第五爻陽爻，「睽䷥、歸妹䷵」第五爻陰爻，「中孚䷼、節䷻」第五爻陽爻，「損䷨、臨䷒」第五爻陰爻。

「離宮☲」八個卦內：「同人䷌、革䷰」第五爻陽爻，「離䷝、豐䷶」第五爻陰爻，「家人䷤、既濟䷾」第五爻陽爻，「賁䷕、明夷䷣」第五爻陰爻。

「震宮☳」八個卦內：「無妄䷘、隨䷐」第五爻陽爻，「噬嗑䷔、震䷲」第五爻陰爻，「益䷩、屯䷂」第五爻陽爻，「頤䷚、復䷗」第五爻陰爻。

陰儀卅二個六爻卦之第五爻由陽爻排起：

「巽宮☴」八個卦內：「姤䷫、大過䷛」第五爻陽爻，「鼎䷱、恒䷟」第五爻陰爻，「巽䷸、井䷯」第五爻陽爻，「蠱䷑、升䷭」第五爻陰爻。

「坎宮☵」八個卦內：「訟䷅、困䷮」第五爻陽爻，「未濟䷿、解䷧」第五爻陰爻，「渙䷺、坎䷜」第五爻陽爻，「蒙䷃、師䷆」第五爻陰爻。

「艮宮☶」八個卦內：「遯䷠、咸䷞」第五爻陽爻，「旅䷷、小過䷽」第五爻陰爻，「漸䷴、蹇䷦」第五爻陽爻，「艮䷳、謙䷎」第五爻陰爻。

「坤宮☷」八個卦內：「否䷋、萃䷬」第五爻陽爻，「晉䷢、豫䷏」第五爻陰爻，「觀䷓、比䷇」第五爻陽爻，「剝䷖、坤䷁」第五爻陰爻。

六爻（頂爻）**之陰陽：**每個宮位的八個卦，其天卦均由「乾☰、兌☱、離☲、震☳、巽☴、坎☵、艮☶、坤☷」的次序而排列，故此所有六爻卦的上爻，均是先是「陽爻」，再來是「陰爻」，由乾卦至地雷復卦，再由天風姤卦至坤卦，一陽一陰地排列。

六十四卦的頂爻均是這樣地排列。易經所說：「**一陰一陽謂之道矣。**」

故張心言地師說：「**而上爻則一陰一陽相間。於此可翫**（翫音環，意爲：玩）**對待流行之義。**」

原文：**圖者乾始於西北。盡於東南。其陽在北。其陰在南。此二者陰陽對待之數。圓於外者為陽。方於中者為陰。圓者動而為天。方者靜而為地者也。**

繼大師註：這方圖的排列，其實就是三元羅盤中的內盤（地盤）六十四卦的排列組合，一般小型的三元羅盤，並沒有內盤（地盤）的刻度，只得天盤六十四卦，如六吋二大小的羅盤，一般最少在八吋六大或以上的羅盤始有內盤（地盤）刻度。

（十）三元羅盤內層方圖化圓圖 ── 張心言疏 ── 繼大師註

原文：**邵伯溫曰。乾兑離震。在天為陽。在地為剛。在天則居東南。在地則居西北。巽坎艮坤在天為陰。在地為柔。在天則居西北。在地則居東南。陰陽相錯。天文也。剛柔相交。地理也。**

繼大師註：「乾☰、兑☱、離☲、震☳」四大卦宮宮位，和每個宮首四個六十四卦，其天卦亦是「乾☰、兑☱、離☲、震☳」，是三元羅盤天盤（外盤）的排列次序，每個宮位的首四個卦為陽，後四個卦為陰，天之陽氣生於廿四山之「午」位，由南順排，由正午南方左旋，逆時鐘方向至正子北方，屬於太極的陽儀部份，

陽儀的卅二個卦排列完畢後，再跳上正「午」方，然後右旋（順時針方向）至正「子」位結束，屬於太極的陰儀部份，此乃圓圖內六十四卦的排列卦序。

陽儀與陰儀部份，形成了一個太極，周流及分佈於一個圓週 360 度，應用於三元羅盤天盤之內。

邵氏所得陳希夷子方圓兩圖

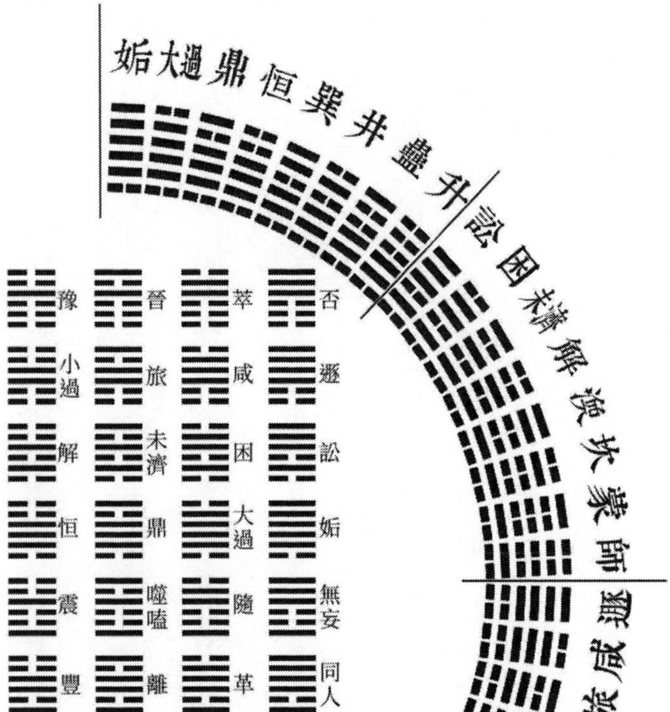

朱子曰。此圓圖布者。乾盡午中。坤盡子中。離盡卯中。坎盡酉中。陽生於子中。盡於午中。陰生於午中。極於子中。其陽在南。其陰在北方。

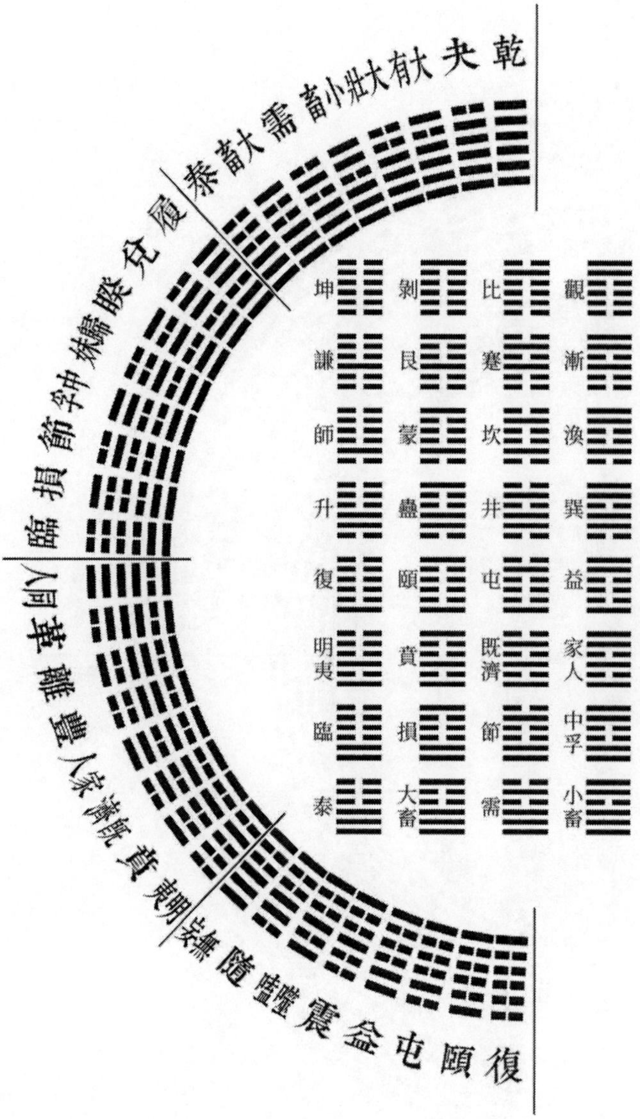

圖者乾始於西北。盡於東南。其陽在北。其陰在南。此二者陰陽對待之數。圓於外者為陽。方於中者為陰。圓者動而為天。方者靜而為地者也。

內層方圖化圓

邵伯溫曰。乾兌離震。在天為陽。在地為剛。在天則居東南。在地則居西北。

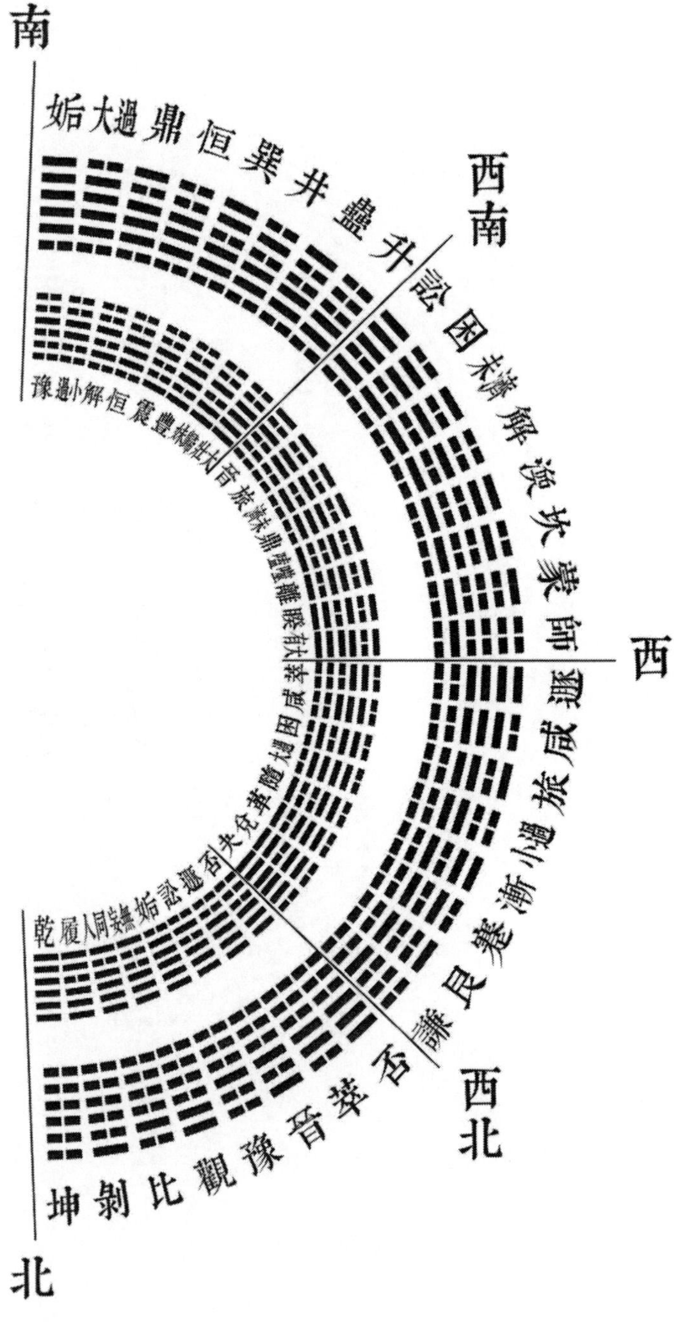

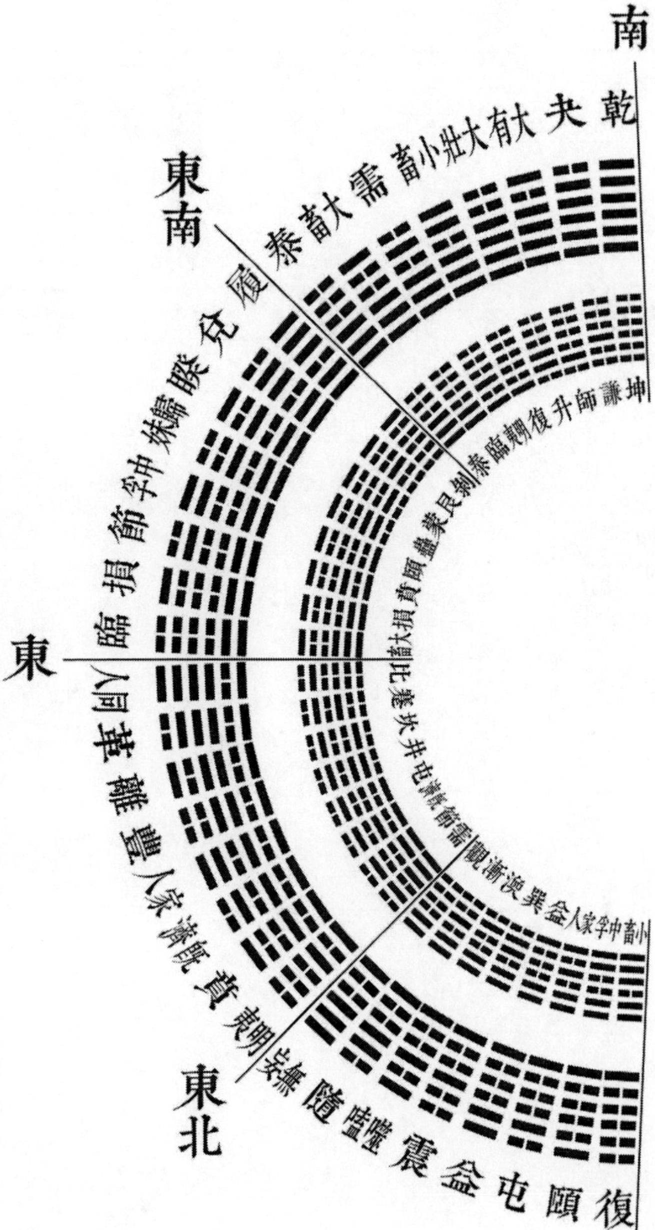

巽坎艮坤在天為陰。在地為柔。在天則居西北。在地則居東南。陰陽相錯。天文也。剛柔相交。地理也。

至於方圖的卦序排列組合，剛好與圓圖相反，屬於三元羅盤內的地盤，又名「內盤」，它的排列方式不同，由正「子」位開始排，宅的宮位排列方式，筆者繼大師述之如下：

「乾☰、兌☱、離☲、震☳」四個宮位，由正「子」山至正「午」山，由「子」經過「壬、亥、乾、戌、辛、酉、庚、申、坤、未、丁」至正「午」山止，逆時針方向排列，為順排。

「乾☰」宮 — 逆時針方向排列，由正「子」山至正「乾」山。

「兌☱」宮 — 逆時針方向排列，由正「乾」山至正「酉」山。

「離☲」宮 — 逆時針方向排列，由正「酉」山至正「坤」山。

「震☳」宮 — 逆時針方向排列，由正「坤」山至正「午」山。

每一內盤宮中有八個六爻卦，「乾☰、兌☱、離☲、震☳」四個宮位共有卅二個六爻卦，其排列方式與天盤不同，其分別是：

「天盤」——大卦宮位作六爻卦之地卦，天卦加上「乾☰、兌☱、離☲、震☳、巽☴、坎☵、艮☶、坤☷」，天卦的排列，是依此卦序而排，其特點是：

「地卦不變。天卦變。」

「地盤」——大卦宮位作六爻卦之天卦，地卦加上「乾☰、兌☱、離☲、震☳、巽☴、坎☵、艮☶、坤☷」，地卦的排列，是依此卦序而排，其特點是：

「天卦不變。地卦變。」

「地盤」之「乾☰、兌☱、離☲、震☳」四大宮位為「陽儀」。

筆者繼大師現列之如下：

「乾☰」宮——由正「子」山至正「乾」山，逆時針方向排列，其排卦次序為：

「乾䷀、履䷉、同人䷌、無妄䷘、姤䷫、訟䷅、遯䷠、否䷋。」

「兌☱」宮——由正「乾」山至正「酉」山，逆時針方向排列，其排卦次序為：

「夬䷪、兌䷹、革䷰、隨䷐、大過䷛、困䷮、咸䷞、萃䷬。」

「離☲」宮——由正「酉」山至正「坤」山，逆時針方向排列，其排卦次序為：

「大有䷍、睽䷥、離䷝、噬嗑䷔、鼎䷱、未濟䷿、旅䷷、晉䷢。」

「震☳」宮——由正「坤」山至正「午」山，逆時針方向排列，其排卦次序為：

「大壯䷡、歸妹䷵、豐䷶、震䷲、恒䷟、解䷧、小過䷽、豫䷏。」

排列完「陽儀」後，然後跳回由正「子」位開始排例，順時針方向排列，為逆排，由「子」山經過「癸、丑、艮、寅、甲、卯、乙、辰、巽、巳、丙」直至正「午」山止。為「巽☴、坎☵、艮☶、坤☷」四個宮位，為「地盤」之「陰儀」。

筆者繼大師茲列如下：

「巽」☴宮——順時針方向排列，為逆排，由正「子」山至正「艮」山。其排卦次序為：

「小畜䷈、中孚䷼、家人䷤、益䷩、巽䷸、渙䷺、漸䷴、觀䷓。」

「坎」☵宮——順時針方向排列，為逆排，由正「艮」山逆排至正「卯」山。其排卦次序為：

「需䷄、節䷻、既濟䷾、屯䷂、井䷯、坎䷜、蹇䷦、比䷇。」

「艮」☶宮——順時針方向排列，為逆排，由正「卯」山逆排至正「巽」山。其排卦次序為：

「大畜䷙、損䷨、賁䷕、頤䷚、蠱䷑、蒙䷃、艮䷳、剝䷖。」

「坤☷」宮——順時針方向排列，為逆排，由正「巽」山逆排至正「午」山。其排卦次序為：

「泰䷊、臨䷒、明夷䷣、復䷗、升䷭、師䷆、謙䷎、坤䷁。」

《本篇完》

（十一）方圓圖合看詳解 —— 張心言疏 —— 繼大師註

原文：**方圓圖合看。而一九之父母卦見焉。圓圖之內三爻。方圖之外三爻。八宮配成泰䷊、損䷨、既䷾、益䷩、恆䷟、未䷿、咸䷞、否䷋。八卦圖中之黑字是也。圓圖之外三爻。方圖之內三爻。每宮各得泰䷊、損䷨、既䷾、益䷩、恆䷟、未䷿、咸䷞、否䷋。八卦圖中之紅字是也。其分填紅黑爻卦。名係徐芝庭添入。**

繼大師註：當三元羅盤中的天盤六十四卦與地盤六十四卦同時排列的時候，各有一個六爻卦會出現在同一柱內的刻度上，一般的天盤六十四卦與地盤六十四卦在同一柱內的刻度上是不會相同的，但只有八個六爻卦出現在同一柱內的刻度上是相同的卦。

筆者繼大師列之如下：

巽山兼巳——天盤、地盤是地天泰卦䷊

乙卯界線——天盤、地盤是山澤損卦䷨

丁山兼未——天盤、地盤是雷風恒卦䷟

癸山兼丑——天盤、地盤是風雷益卦䷩

寅山正針——天盤、地盤是水火暨濟卦䷾

辛酉界線——天盤、地盤是澤山咸卦䷞

申山正針——天盤、地盤是火水未濟卦䷿

乾山兼亥——天盤、地盤是天地否卦䷋

巽山兼巳
天盤、地盤是
地天泰卦䷊

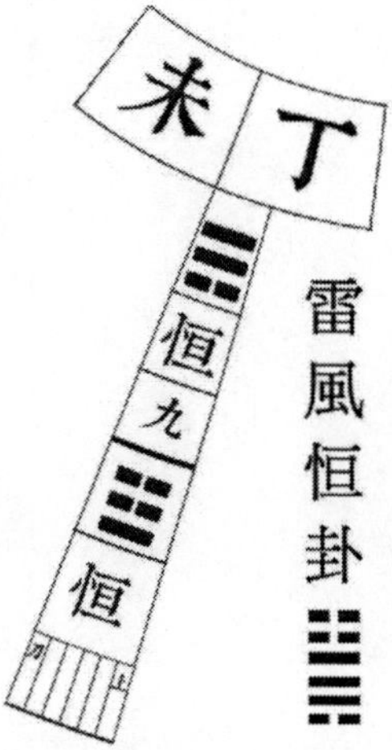

丁山兼未
天盤、地盤是
雷風恆卦䷟

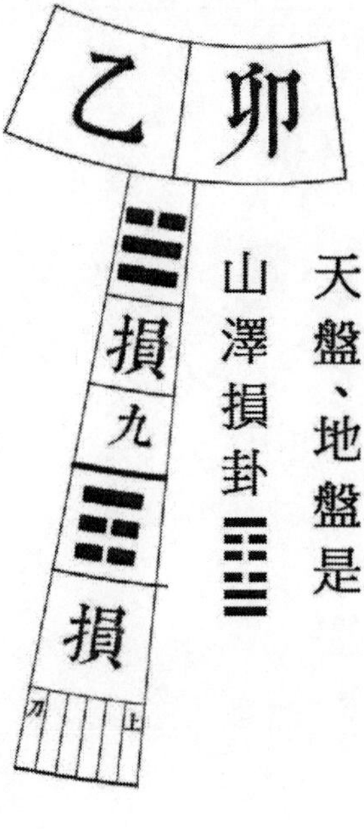

乙卯界線
天盤、地盤是
山澤損卦䷨

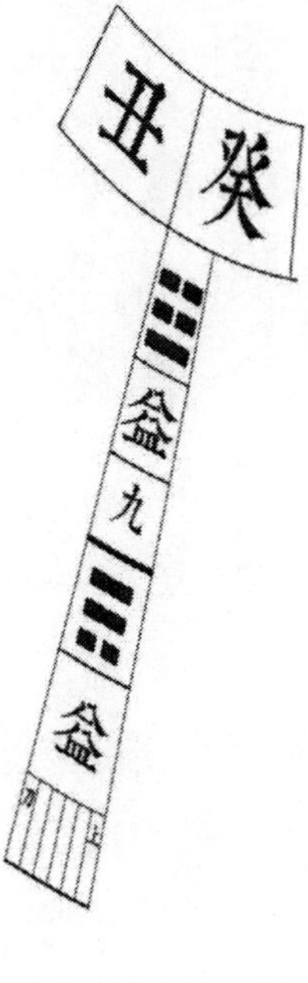

癸山兼丑
天盤、地盤是
風雷益卦䷩

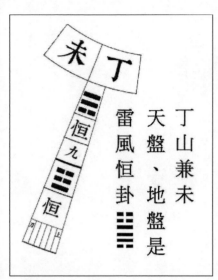

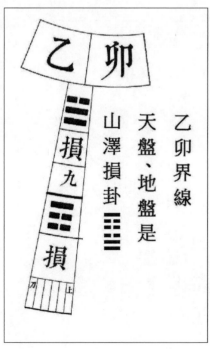

寅山正針
天盤、地盤是
水火暨濟卦 ䷾

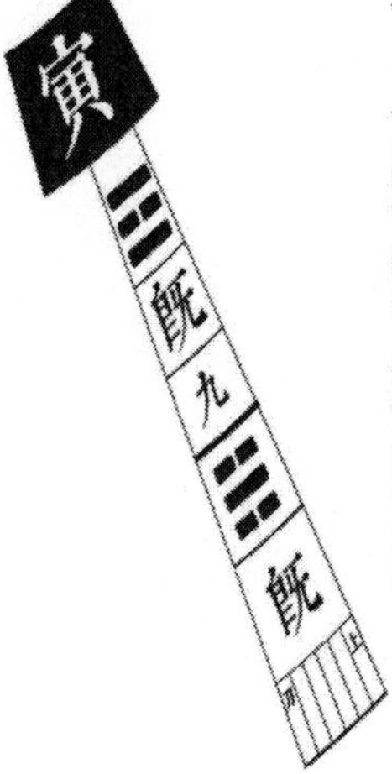

申山正針
天盤、地盤是
火水未濟卦 ䷿

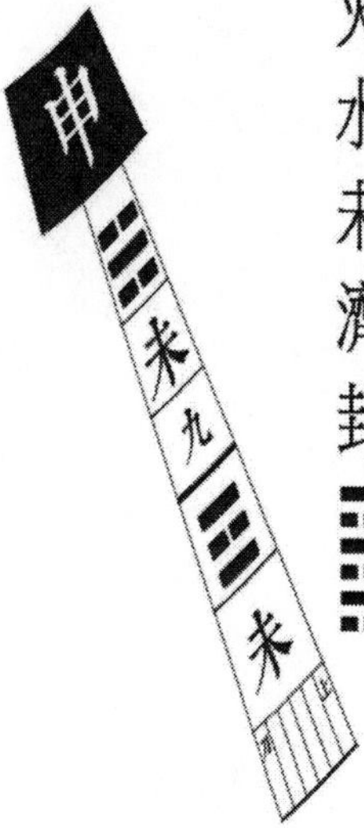

辛酉界線
天盤、地盤是
澤山咸卦 ䷞

乾山兼亥
天盤、地盤是
天地否卦 ䷋

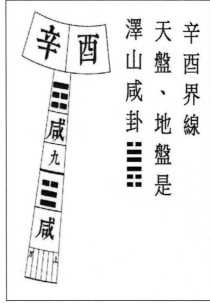

故云：圓圖之外三爻。方圖之內三爻。每宮各得「泰䷊、損䷨、既䷾、益䷩、恆䷟、未䷿、咸䷞、否䷋。」

原文：**天地定位。否泰反類。山澤通氣。損咸見義。雷雨風薄。恆益起意。水火相射。既濟未濟。四象相交。成十六事。八卦相盪。為六十四。宋邵子。**

繼大師註：「天地定位」──是「乾☰、坤☷」兩卦，乾☰為天，坤☷為地，指「天地否卦䷋，地天泰卦䷊。」

「山澤通氣」──是「艮☶、兌☱」兩卦，艮☶為山，兌☱為澤，指「山澤損卦䷨，澤山咸卦䷞。」

「雷雨風薄」──是「震☳、巽☴」兩卦，震☳為雷，巽☴為風，指「雷風恆卦䷟，風雷益卦䷩。」

「水火相射」──是「坎☵、離☲」兩卦，坎☵為水，離☲為火，指「水火既濟卦䷾，火水未濟卦䷿。」

「四象相交。成十六事」── 四象即是「太陽⚌」、「少陰⚍」、「少陽⚎」、「太陰⚏」，加上一陽⚊、一陰⚋之爻在頂，成為三爻卦之「乾☰、兌☱、離☲、震☳、巽☴、坎☵、艮☶、坤☷。」再將八個三劃卦放在上卦及下卦，得出八個六爻卦，為一運貪狼父母卦：「乾☰、兌☱、離☲、震☳、巽☴、坎☵、艮☶、坤☷。」

再將「乾䷀、坤䷁」「震䷲、巽䷸」「坎䷜、離䷝」「艮䷳、兌䷹」合十之卦交溝，成為八個六爻卦，為九運父母卦：「天地否䷋、地天泰䷊、雷風恒䷟、風雷益䷩、水火既濟䷾、火水未濟䷿、山澤損䷨、澤山咸䷞。」

八個一運貪狼父母卦，加上八個九運父母卦，共有十六個父母卦，故云：**「四象相交。成十六事。」**

「八卦相盪。爲六十四。」── 每個大宮位有八個六爻卦，八大宮位，共有六十四個六爻卦。

（十二）「一六四九雙雙起」詳解 —— 張心言疏 —— 繼大師註

原文：一六四九雙雙起。夬姤剝復顛顛倒。往來闔闢團團轉。卦象順逆爻爻到。六十四卦不外「乾☰、兌☱、離☲、震☳、巽☴、坎☵、艮☶、坤☷」八卦也。自乾至復四宮。其外三爻以「乾☰、兌☱、離☲、震☳、巽☴、坎☵、艮☶、坤☷。」順加。所謂：「陽從左邊團團轉也。」自姤至坤四宮。其外三爻以「乾☰、兌☱、離☲、震☳、巽☴、坎☵、艮☶、坤☷。」逆加。所謂：「陰從右路轉相通也。」

繼大師註：「一六四九雙雙起。」—— 以先天卦配上洛書數，坤☷為一，艮☶為六，兌☱為四，乾☰為九，這四個數皆可互合。筆者繼大師解釋如下：

乾☰坤☷一九合十，乾☰兌☱九四生成，乾☰艮☶九六合十五，艮☶兌☱六四合十，坤☷艮☶一六生成，坤☷兌☱一四合五。四個數「一、六、四、九」皆可互合。

「夬姤剝復顛顛倒。」—— 天盤六十四卦以「乾卦䷀」為首，第二個排去的卦，就是「夬卦䷪」，陽儀從左面逆時針方向排去，陽儀排到最後的卦就是「復卦䷗」，再來跳去「午位」的「姤卦䷫」開始向右排，陰儀是順時針方向逆排，排至正「子位」的「坤卦䷁」止。「夬卦䷪」與「剝卦䷖」合十，「姤卦䷫」與「復卦䷗」合十，為錯卦夫婦卦。

自「乾卦䷀」至「復卦䷗」的陽儀「乾☰、兌☱、離☲、震☳」四個宮位的排法，就是三元羅盤天盤陽儀的卅二個六爻卦的排法。為：「**陽從左邊團團轉。**」

自「姤卦䷫」至「坤卦䷁」的陰儀「巽☴、坎☵、艮☶、坤☷」四個宮位的排法，就是三元羅盤天盤陰儀的卅二個六爻卦的排法。為：「**陰從右路轉相通也。**」

〈八宮卦序歌〉如下：

原文：**八宮卦序歌**

乾為天　天澤履　天火同人　天雷無妄　天風姤　天水訟　天山遯　天地否

澤天夬　兌為澤　澤火革　澤雷隨　澤風大過　澤水困　澤山咸　澤地萃

火天大有　火澤睽　離為火　火雷噬嗑　火風鼎　火水未濟　火山旅　火地晉

雷天大壯　雷澤歸妹　雷火豐　震為雷　雷風恆　雷水解　雷山小過　雷地豫

風天小畜　風澤中孚　風火家人　風雷益　巽為風　風水渙　風山漸　風地觀

水天需　水澤節　水火既濟　水雷屯　水風井　坎為水　水山蹇　水地比

山天大畜　山澤損　山火賁　山雷頤　山風蠱　山水蒙　艮為山　山地剝

地天泰　地澤臨　地火明夷　地雷復　地風升　地水師　地山謙　坤為地

繼大師註解：《八宮卦序歌》表的直排是三元羅盤內盤（地盤）的六十四卦。《八宮卦序歌》表的橫排是三元羅盤的外盤（天盤）六十四卦。

三元羅盤的天盤排卦次序，即是《八宮卦序歌》的橫排，筆者繼大師列之如下：

乾宮：「乾為天、澤天夬、火天大有、雷天大壯、風天小畜、水天需、山天大畜、地天泰。」

兌宮：「天澤履、兑為澤、火澤睽、雷澤歸妹、風澤中孚、水澤節、山澤損、地澤臨。」

離宮：「天火同人、澤火革、離為火、雷火豐、風火家人、水火既濟、山火賁、地火明夷。」

震宮：「天雷無妄、澤雷隨、火雷噬嗑、震為雷、風雷益、水雷屯、山雷頤、地雷復。」

巽宮：「天風姤、澤風大過、火風鼎、雷風恒、巽為風、水風井、山風蠱、地風升。」

坎宮：「天水訟、澤水困、火水未濟、雷水解、風水渙、坎為水、山水蒙、地水師。」

艮宮：「天山遯、澤山咸、火山旅、雷山小過、風山漸、水山蹇、艮為山、地山謙。」

坤宮：「天地否、澤地萃、火地晉、雷地豫、風地觀、水地比、山地剝、坤為地。」

三元內外盤六十四卦表（橫看天盤，直看地盤。）　繼大師表　壬寅仲春

上卦＼下卦	☰天九	☱澤四	☲火三	☳雷八	☴風二	☵水七	☶山六	☷地一
☰乾九	乾為天	天澤履	天火同人	天雷無妄	天風姤	天水訟	天山遯	天地否
☱兌四	澤天夬	兌為澤	澤火革	澤雷隨	澤風大過	澤水困	澤山咸	澤地萃
☲離三	火天大有	火澤睽	離為火	火雷噬嗑	火風鼎	火水未	火山旅	火地晉
☳震八	雷天大壯	雷澤歸妹	雷火豐	震為雷	雷風恆	雷水解	雷山小過	雷地豫
☴巽二	風天小畜	風澤中孚	風火家人	風雷益	巽為風	風水渙	風山漸	風地觀
☵坎七	水天需	水澤節	水火既濟	水雷屯	水風井	坎為水	水山蹇	水地比
☶艮六	山天大畜	山澤損	山火賁	山雷頤	山風蠱	山水蒙	艮為山	山地剝
☷坤一	地天泰	地澤臨	地火明夷	地雷復	地風升	地水師	地山謙	坤為地

三元羅盤的地盤排卦次序，即是《八宮卦序歌》之方圖，由底而排上。筆者繼大師列之如下：

乾宮：「天地否、天山遁、天水訟、天風姤、天雷無妄、天火同人、天澤履、乾為天。」

兌宮：「澤地萃、澤山咸、澤水困、澤風大過、澤雷隨、澤火革、兌為澤、澤天夬。」

離宮：「火地晉、火山旅、火水未濟、火風鼎、火雷噬嗑、離為火、火澤睽、火天大有。」

震宮：「雷地豫、雷山小過、雷水解、雷風恒、震為雷、雷火豐、雷澤歸妹、雷天大壯。」

巽宮：「風地觀、風山漸、風水渙、巽為風、風雷益、風火家人、風澤中孚、風天小畜。」

坎宮：「水地比、水山蹇、坎為水、水風井、水雷屯、水火既濟、水澤節、水天需。」

艮宮：「山地剝、艮為山、山水蒙、山風蠱、山雷頤、山火賁、山澤損、山天大畜。」

坤宮：「坤為地、地山謙、地水師、地風升、地雷復、地火明夷、地澤臨、地天泰。」

陳希夷之內層方圖（地盤）

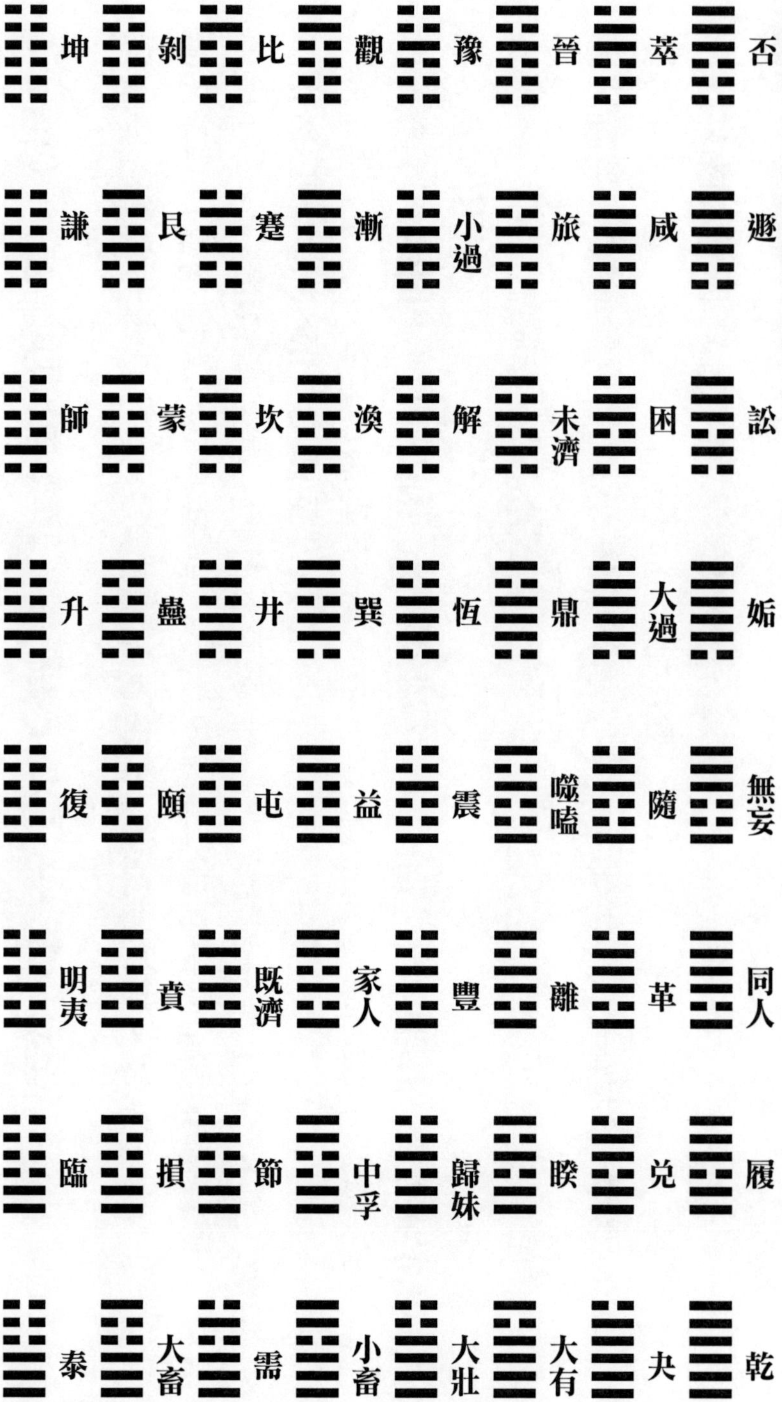
否 萃 晉 豫 觀 比 剝 坤
遯 咸 旅 小過 漸 蹇 艮 謙
訟 困 未濟 解 渙 坎 蒙 師
姤 大過 鼎 恆 巽 井 蠱 升
無妄 隨 噬嗑 震 益 屯 頤 復
同人 革 離 豐 家人 既濟 賁 明夷
履 兌 睽 歸妹 中孚 節 損 臨
乾 夬 大有 大壯 小畜 需 大畜 泰

（十三）九運八卦原理詳解 ── 張心言疏 ── 繼大師註

原文：**一運八卦為一之一。為貪狼。亦為弼星。為南北八神。為父母卦。**

繼大師註：每個三爻卦配上洛書數，筆者繼大師列之如下：「乾☰為天屬九、坤☷為地屬一」，「震☳為雷屬八、巽☴為風屬二」，「坎☵為水屬七、離☲為火屬三」，「艮☶為山屬六、兌☱為澤屬四」。

「貪狼卦」即是一運卦，其特徵是六爻卦中的上卦與下卦均相同，共有八個貪狼一運卦，為「乾卦䷀、兌卦䷹、離卦䷝、震卦䷲、巽卦䷸、坎卦䷜、艮卦䷳、坤卦䷁。」

原文：**二運八卦為一之二。為巨門。為江西卦。為天元龍。**

繼大師註：二運卦為「巽☴」，洛書數屬「二」，六爻卦中分上卦及下卦的三爻卦，上卦及下卦的初爻、二爻、三爻互相交合比較，即是六爻卦中以：初爻去比較四爻。二爻去比較五爻。三爻去比較六爻。

比較之兩爻以相同陰陽為「陰爻⚋」，陰爻不變。以不相同陰陽為「陽爻⚊」，陽爻主變。此謂之：「爻交」或「交通之爻」。亦云：「八卦只有一卦通。」據筆者繼大師的瞭解，其宗旨就是：「**一個三爻卦貫通八個六爻卦。一卦通八卦是也。**」另一個解法就是：「**每運有一個當元的天心正運卦。**」

二運同卦運之六爻卦中，每運均有八個同卦運，筆者繼大師列之如下：

「天雷無妄䷘、雷天大壯䷡、澤火革䷰、火澤睽䷥、風地觀䷓、地風升䷭、水山蹇䷦、山水蒙䷃。」其特徵是：

「天雷無妄䷘、雷天大壯䷡」──乾☰為天屬九，震☳為雷屬八，上卦八下卦九，或上卦九下卦八。

「水山蹇䷦、山水蒙䷃」──坎☵為水屬七，艮☶為山屬六，上卦六下卦七，或上卦七下卦六。

「澤火革䷰、火澤睽䷥」──☱為澤屬四，離☲為火屬三，上卦三下卦四，或上卦四下卦三。

「風地觀䷓、地風升䷭」──巽☴為風屬二，坤☷為地屬一，上卦二下卦一，或上卦一下卦二。

以筆者繼大師的經驗，這樣的配搭，就是二運卦，名「巨門」。其上下卦的組合是：「一、二」，「三、四」、「六、七」、「八、九」

一運八卦為一之一。為貪狼。
亦為弼星。為南北八神。為父母卦。

對卦反卦圖

二運八卦為一之二。為巨門。
為江西卦。為天元龍。

大壯與無妄反
觀與升反
蹇與蒙反

雷天大壯 天雷無妄
火澤暌 澤火革
地風升 風地觀
山水蒙 水山蹇

（繼大師註：反卦即覆卦，為上下卦對調，任何一個卦在對調後與本卦均屬同運卦，此法為挨星法之一種。）

原文：**三運八卦為一之三。為祿存。為江西卦。為人元龍。**

繼大師註：同卦運之六爻卦中，每運均有八個同卦運，筆者繼大師列出三運的八個卦如下：

「天水訟䷅、水天需䷄、雷山小過䷽、山雷頤䷚、澤風大過䷛、風澤中孚䷼、火地□䷢、地火明夷䷣。」

其特徵是：「天水訟䷅、水天需䷄」─ 乾☰為天屬九，坎☵為水屬七，上卦七下卦九，或上卦九下卦七。

「雷山小過䷽、山雷頤䷚」─ 震☳為雷屬八，艮☶為山屬六，上卦六下卦八，或上卦八下卦六。

「澤風大過䷛、風澤中孚䷼」─ 兌☱為澤屬四，巽☴為風屬二，上卦二下卦四，或上卦四下卦二。

「火地□䷢、地火明夷䷣」─ 離☲為火屬三，坤☷為地屬一，上卦三下卦一，或上卦一下卦三。

以筆者繼大師的經驗，這樣的配搭，就是三運卦，名「祿存」。其上下卦的組合是：「一、三」，「二、四」、「六、八」、「七、九」

原文：**四運八卦為一之四。為文曲。為江西卦。為地元龍。**

繼大師註：同卦運之六爻卦中，每運均有八個同卦運，筆者繼大師列出四運的八個卦如下：「天山遯䷠、山天大畜䷙、雷水解䷧、水雷屯䷂、澤地萃䷬、地澤臨䷒、火風鼎䷱、風火家人䷤。」

其特徵是：「天山遯䷠、山天大畜䷙」— 乾☰為天屬九，艮☶為山屬六，上卦六下卦九，或上卦九下卦六。

「雷水解䷧、水雷屯䷂」— 震☳為雷屬八，坎☵為水屬七，上卦七下卦八，或上卦八下卦七。

「澤地萃䷬、地澤臨䷒」— 兌☱為澤屬四，坤☷為地屬一，上卦一下卦四，或上卦四下卦一。

「火風鼎䷱、風火家人䷤」— 離☲為火屬三，巽☴為風屬二，上卦二下卦三，或上卦三下卦二。

以上八個四運卦，其特徵是其上卦及下卦的洛書數是：「九、六」「八、七」合十五，「四、一」「三、二」合五，即是上下卦之洛書數合十五及合五，就是四運卦。

三運八卦為一之三。為祿存。
為江西卦。為人元龍。

四運八卦為一之四。為文曲。
為江西卦。為地元龍。

對卦反卦圖

雷山小過 山雷頤
地火明夷 火地晉
天水訟 水天需
風澤中孚 澤風大過

需與訟反
中孚與大過反
明夷與晉反
頤與小過反

火風鼎 風火家人
雷水解 水雷屯
山天大畜 天山遯
地澤臨 澤地萃

大畜與遯反
臨與萃反
家人與鼎反
屯與解反

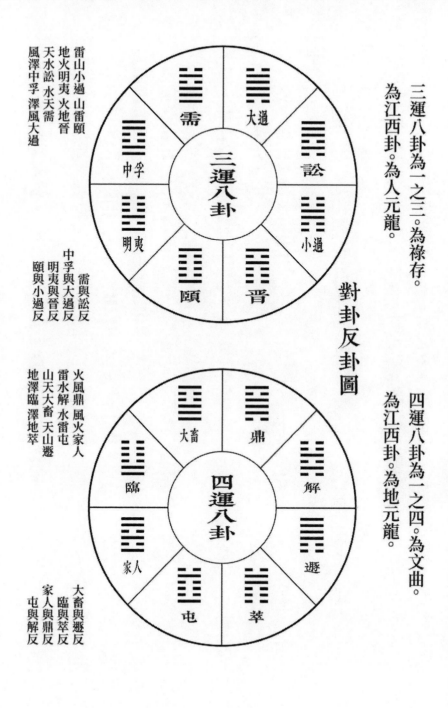

原文：**六運八卦為一之六。為武曲。為江東卦。為地元龍。**

繼大師註：同卦運之六爻卦中，每運均有八個同卦運，筆者繼大師列出六運的八個卦如下：「天澤履䷉、澤天夬䷪、雷火豐䷶、火雷噬嗑䷔、水風井䷯、風水渙䷺、山地剝䷖、地山謙䷎。」

「天澤履䷉、澤天夬䷪」－－乾☰為天屬九，澤☱為兌屬四，上卦九下卦四，或上卦四下卦九。

「雷火豐䷶、火雷噬嗑䷔」－－震☳為雷屬八，離☲為火屬三，上卦八下卦三，或上卦三下卦八。

「水風井䷯、風水渙䷺」－－坎☵為水屬七，巽☴為風屬二，上卦七下卦二，或上卦二下卦七。

「山地剝䷖、地山謙䷎」－－艮☶為山屬六，坤☷為地屬一，上卦六下卦一，或上卦一下卦六。

以上八個六運卦，其特徵是其上卦及下卦的洛書數是：「九、四」「三、八」「二、七」「六、一」為生成之數，上下卦之洛書數合生成，就是六運卦。

原文：七運八卦為一之七。為破軍。為江東卦。為人元龍。

繼大師註：同卦運之六爻卦中，每運均有八個同卦運，筆者繼大師列出七運的八個卦如下：「天火同人䷌、火天大有䷍、雷澤歸妹䷵、澤雷隨䷐、水地比䷇、地水師䷆、山風蠱䷑、風山漸䷴。」

「天火同人䷌、火天大有䷍」— 乾☰為天屬九，離☲為火屬三，上卦九下卦三，或上卦三下卦九。

「雷澤歸妹䷵、澤雷隨䷐」— 震☳為雷屬八，澤☱為兌屬四，上卦八下卦四，或上卦四下卦八。

「水地比䷇、地水師䷆」— 坎☵為水屬七，坤☷為地屬一，上卦七下卦一，或上卦一下卦七。

「山風蠱䷑、風山漸䷴」— 艮☶為山屬六，巽☴為風屬二，上卦六下卦二，或上卦二下卦六。

以上八個七運卦，其特徵是其上卦及下卦的洛書數是：「九、三」「八、四」「七、一」「六、二」，上下卦之洛書數相加是「十二及八」，就是七運卦。

六運八卦為一之六。為武曲。為江東卦。為地元龍。

對卦反卦圖

水風井 風水渙
地山謙 山地剝
澤天夬 天澤履
雷火豐 火雷噬嗑

夬與履反
豐與噬嗑反
剝與謙反
渙與井反

七運八卦為一之七。為破軍。為江東卦。為人元龍。

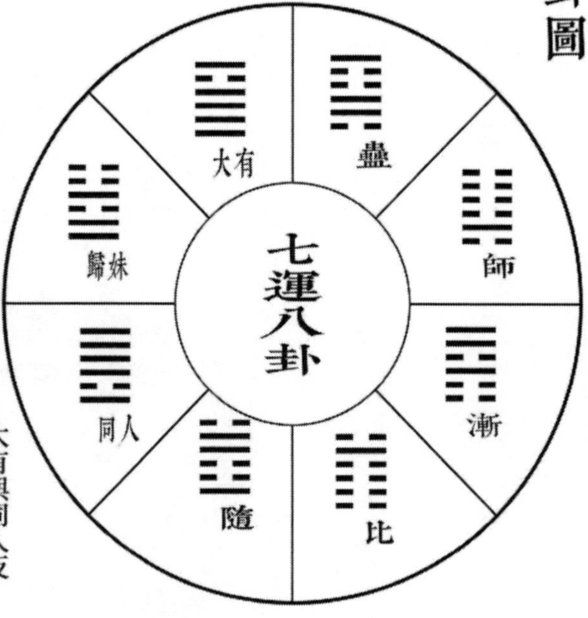

山風蠱 風山漸
地水師 水地比
火天大有 天火同人
雷澤歸妹 澤雷隨

大有與同人反
歸妹與隨反
比與師反
漸與蠱反

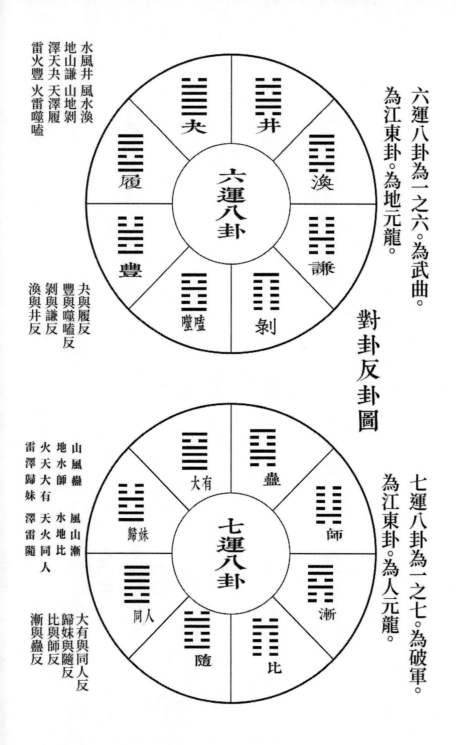

原文：**八運八卦為一之八。為輔星。為江東卦。為天元龍。**

繼大師註：同卦運之六爻卦中，每運均有八個同卦運，筆者繼大師列出八運的八個卦如下：

「天風姤䷫、風天小畜䷈、雷地豫䷏、地雷復䷗、水澤節䷻、澤水困䷮、山火賁䷕、火山旅䷷。」

「天風姤䷫、風天小畜䷈」—乾☰為天屬九，巽☴為風屬二，上卦九下卦二，或上卦二下卦九。

「雷地豫䷏、地雷復䷗」—震☳為雷屬八，坤☷為地屬一，上卦八下卦一，或上卦一下卦八。

「水澤節䷻、澤水困䷮」—坎☵為水屬七，兌☱為澤屬四，上卦七下卦四，或上卦四下卦七。

「山火賁䷕、火山旅䷷」—艮☶為山屬六，離☲為火屬三，上卦六下卦三，或上卦三下卦六。

以上八個八運卦，其特徵是其上卦及下卦的洛書數是：「九、二」「八、一」「七、四」「六、三」，上下卦之洛書數相加是「十一及九」，就是八運卦。

原文：**九運八卦為一之九。為弼星。亦為貪狼。為南北八神。為父母卦。**

繼大師註：同卦運之六爻卦中，每運均有八個同卦運，屬於三爻卦的上卦與下卦，其洛書數是合十，如「一、九」「二、八」「三、七」「四、六」，這樣的組合所形成的一個六爻卦，就是九運父母卦，筆者繼大師列之如下：八個九運父母卦為：「天地否䷋、地天泰䷊、雷風恒䷟、風雷益䷩、水火既濟䷾、火水未濟䷿、山澤損䷨、澤山咸䷞。」

「天地否䷋、地天泰䷊」—乾☰為天屬九，坤☷為地屬一，上卦九下卦一，或上卦一下卦九。

「雷風恒䷟、風雷益䷩」—震☳為雷屬八，巽☴為風屬二，上卦八下卦二，或上卦二下卦八。

「水火既濟䷾、火水未濟䷿」—坎☵為水屬七，離☲為火屬三，上卦七下卦三，或上卦三下卦七。

「山澤損䷨、澤山咸䷞」—艮☶為山屬六，兌☱為澤屬四，上卦六下卦四，或上卦四下卦六。

以上八個九運卦，其特徵是其上卦及下卦的洛書數是：「九、一」「八、二」「七、三」「六、四」，上下卦之洛書數相加是「十」，「上下卦合十」就是九運卦。

八運八卦為一之八。為輔星。為江東卦。為天元龍。

九運八卦為一之九。為弼星。亦為貪狼。為南北八神。為父母卦。

對卦反卦圖

火山旅 山火賁
地雷復 雷地豫
風天小畜 天風姤
水澤節 澤水困

小畜與姤反
節與困反
旅與賁反
復與豫反

風雷益 雷風恒
水火既濟 火水未濟
天地否 地天泰
澤山咸 山澤損

泰與否反
損與咸反
既濟與未濟反
益與恒反

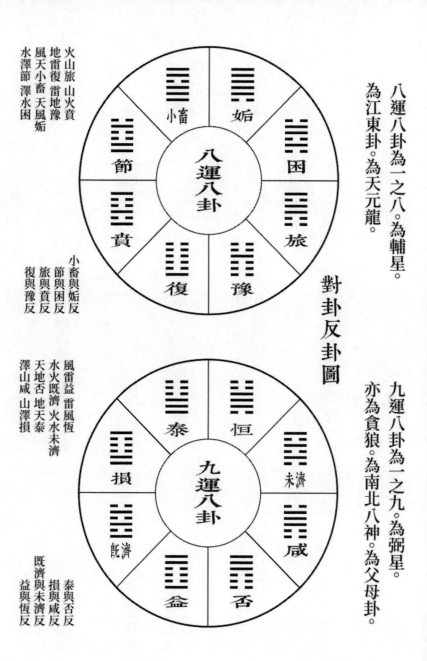

（十四）楊筠松著《青囊奧語》之挨星訣 —— 繼大師註

原文：**甲癸申貪狼一路行。非盡貪狼而與貪狼為一例。**

繼大師註：「甲」山為「離卦䷝」，「癸」山指「風雷益卦䷩」，「申」山指「火水未濟卦䷿」，以此三個卦為例。據筆者繼大師所瞭解，這兩個卦圖表中，第一個圓圖卦表的八個六爻卦為：「地天泰䷊、山澤損䷨、離卦䷝、震卦䷲、巽卦䷸、坎卦䷜、澤山咸䷞、天地否䷋。」

第二個圓圖卦表的八個六爻卦為：

「乾卦䷀、兌卦䷹、水火既濟䷾、風雷益䷩、雷風恒䷟、火水未濟䷿、艮卦䷳、坤卦䷁。」

這兩個圓圖卦表內的十六個六爻卦，據筆者繼大師所認知，全部是一運卦（貪狼）及九運卦（右弼），其特徵是每個六爻卦的上下卦均相同，及上下卦均合十，這就是同運卦及合十運卦，就是三元元空大卦的挨星口訣。

挨星口訣一、九運

甲癸申貪狼一路行。
非盡貪狼而與貪狼為一例。

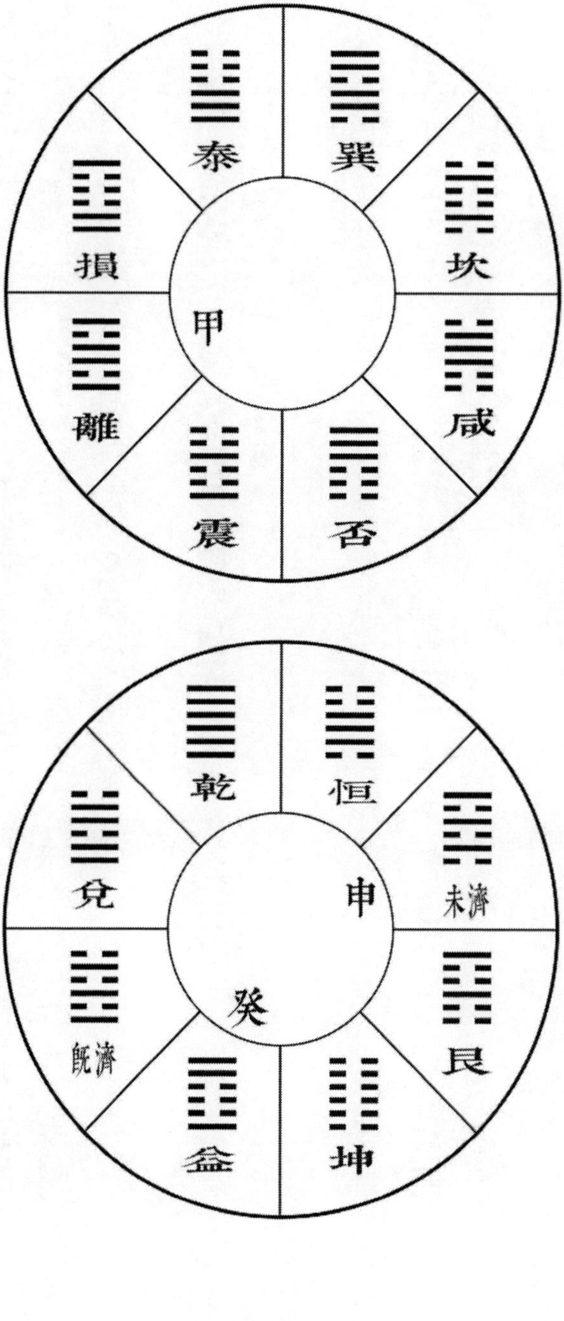

繼大師註：一運貪狼父母八卦，加上九運弼星父母八卦，共十六個卦，一、九兩運之卦，各自混入兩圖表內。

原文：**坤壬乙巨門從頭出。非盡巨門而與巨門為一例。**

繼大師註：「坤山」為地風升卦䷭屬二運卦，「壬山」為風地觀卦䷓屬二運卦，「乙山」為水澤節卦䷻屬八運卦，全部是二運卦（巨門）及八運卦（左輔），筆者繼大師列之如下，第一個圓圖卦表的八個六爻卦為：

「雷天大壯䷡、火澤睽䷥、山火賁䷕、地雷復䷗、天風姤䷫、澤水困䷮、水山蹇䷦、風地觀䷓。」

第二個圓圖卦表的八個六劃卦為：

「風天小畜䷈、水澤節䷻、澤火革䷰、天雷無妄䷘、地風升䷭、山水蒙䷃、火山旅䷷、雷地豫䷏。」

這兩個圓圖卦表內的十六個六爻卦，據筆者繼大師所認知，全部都是二運卦及八運卦，即是同運卦及合十運卦。

繼大師註：二運巨門八卦，加上八運左輔八卦，共十六個卦，二、八兩運之天元卦，各自混入兩圖表內。

挨星口訣二、八運

坤壬乙巨門從頭出。非盡巨門而與巨門為一例。

原文：**巽辰亥盡是武曲位。非盡武曲而與武曲為一例。**

繼大師註：「巽山」為山天大畜䷙，「辰山」為天澤履䷉，「亥山」為澤地萃䷬。第一個圓圖卦表的八個六爻卦為：

「澤天夬䷪、天澤履䷉、風火家人䷤、水雷屯䷂、火風鼎䷱、雷水解䷧、地山謙䷎、山地剝䷖。」

第二個圓圖卦表的八個六爻卦為：「山天大畜䷙、地澤臨䷒、雷火豐䷶、火雷噬嗑䷔、水風井䷯、風水渙䷺、天山遯䷠、澤地萃䷬。」

這兩個圓圖卦表內的十六個六爻卦，據筆者繼大師所認知，全部都是四運卦（文曲）及六運卦（武曲），即是同運卦及合十運卦。

繼大師註：四運文曲八卦，加上六運武曲八卦，共十六個卦，四、六兩運之地元卦，各自混入兩圖表內。

挨星口訣四、六運

巽辰亥盡是武曲位。
非盡武曲而與武曲為一例。

原文：**艮丙辛位位是破軍。非盡破軍而與破軍為一例。**

繼大師註：「破軍」為七運卦，「祿存」為三運卦，「艮山」為地火明夷䷣，「丙山」為火天大有䷍，「辛山」為雷山小過䷽，第一個圓圖卦表的八個六爻卦為：

「火天大有䷍、雷澤歸妹䷵、地火明夷䷣、山雷頤䷚、澤風大過䷛、天水訟䷅、風山漸䷴、水地比䷇。」

第二個圓圖卦表的八個六爻卦為：

「水天需䷄、風澤中孚䷼、天火同人䷌、澤雷隨䷐、山風蠱䷑、地水師䷆、雷山小過䷽、火地晉䷢。」

以上兩個圓圖卦表內的十六個六爻卦，據筆者繼大師所認知，全部都是三運卦（祿存）及七運卦（破軍），即是同運卦及合十運卦。

挨星口訣三、七運

艮丙辛位位是破軍。非盡破軍而與破軍為一例。

繼大師註：三運祿存八卦，加上七運破軍八卦，共十六個卦，三、七兩運之人元卦，各自混入兩圖表內。

（十五）張心言疏七星打劫及通卦 —— 繼大師註

原文：**八宮各有一卦無反對。為本宮之主卦。此盤是也。每宮各有一卦不動。故只云七星去打劫也。**

繼大師註：「**八宮各有一卦無反對**」表示在八大宮位中有八個六爻卦，其中一個六爻卦，無論是本身的體卦，或是倒轉來看，其卦象不變，倒轉來看即是「綜卦」，此謂之：「爻反」，即「翻卦」。「七星打劫」表示除了每一個宮位的不動卦外，其餘每個宮位的七個宮位便是「七星」，筆者繼大師知道因為它們有劫取其他元運的能力，所以名為「**七星打劫**」。「反」即是綜卦，「對」即是錯卦。

筆者繼大師現將八大宮位的各一個「不動卦」列之如下：

宮位	六爻卦
乾宮 ☰	乾卦 ䷀
兌宮 ☱	風澤中孚 ䷼
離宮 ☲	離卦 ䷝
震宮 ☳	山雷頤 ䷚
巽宮 ☴	澤風大過 ䷛
坎宮 ☵	坎卦 ䷜
艮宮 ☶	雷山小過 ䷽
坤宮 ☷	坤卦 ䷁

以上這樣的排列順序，得出一個卦象的特徵，筆者繼大師分析如下：

「乾宮☰」與「兌宮☱」為生成宮位，乾☰為九，兌☱為四，九、四乃生成之數，「乾卦䷀」變中間之三、四爻界線，就是「風澤中孚䷼」卦，中孚卦䷼變三、四爻界線成「乾卦䷀」，此兩卦在乾宮及兌宮作綜卦時，卦象並沒有變動。

「離宮☲」與「震宮☳」為生成宮位，離☲為三，震☳為八，三、八乃生成之數，「離卦䷝」變中間之三、四爻界線，就是「山雷頤䷚」卦，山雷頤卦䷚變三、四爻界線成「離卦䷝」，此兩卦在離宮及震宮作綜卦時，卦象並沒有變動。

「巽宮☴」與「坎宮☵」為生成宮位，巽☴為二，坎☵為七，二、七乃生成之數，「澤風大過卦䷛」變中間之三、四爻界線，就是「坎卦䷜」，「坎卦䷜」變三、四爻界線成「澤風大過卦䷛」，此兩卦在巽宮及坎宮作綜卦時，卦象並沒有變動。

「艮宮☶」與「坤宮☷」為生成宮位，艮☶為六，坤☷為一，六、一乃生成之數，「雷山小過卦䷽」變中間之三、四爻界線，就是「坤卦䷁」，「坤卦䷁」變三、四爻界線成「雷山小過卦䷽」，此兩卦在艮宮及坤宮作綜卦時，卦象並沒有變動。

以上八宮之各一卦，其本卦與綜卦均一樣的，即是：

乾卦䷀之綜卦 — 乾卦䷀	風澤中孚䷼之綜卦 — 風澤中孚䷼
離卦䷝之綜卦 — 離卦䷝	山雷頤䷚之綜卦 — 山雷頤䷚
澤風大過䷛之綜卦 — 澤風大過䷛	坎卦䷜之綜卦 — 坎卦䷜
雷山小過䷽之綜卦 — 雷山小過䷽	坤卦䷁之綜卦 — 坤卦䷁

據筆者繼大師所理解，「乾卦䷀、坤卦䷁、離卦䷝、坎卦䷜」為一運貪狼卦，它變出三、四爻的卦是「中孚䷼、小過䷽、頤䷚、大過䷛」為祿存三運卦，故云：「**一與三通**。」

八宮各有一卦無反對。
為本宮之主卦。此盤是也。

每宮各有一卦不動。　故只云七星去打劫也。

對卦（錯卦）反卦（綜卦）圖

繼大師註：不動卦即綜卦（倒轉看）其本卦卦象不變，每宮各有一個不動卦，或為：

乾宮 — 乾卦
兑宮 — 風澤中孚卦
離宮 — 離卦
震宮 — 山雷頤卦
巽宮 — 澤風大過卦
坎宮 — 坎卦
艮宮 — 雷山小過卦
坤宮 — 坤卦

另外「乾、坤、坎、離」四卦在覆卦時（上下卦對調）亦是卦象不變。

原文：**革去故也。鼎取新也。屯見而不失其居蒙雜而著。大壯則止。遯則退也。臨觀之義或與或求。**

繼大師註：「澤火革䷰」變三、四爻界線為「水雷屯䷂」，「澤火革䷰」之綜卦為「火風鼎䷱」。「水雷屯䷂」之綜卦為「山水蒙䷃」，「火風鼎䷱」變三、四爻界線為「山水蒙䷃」。

二與四通：澤火革䷰（二運卦）——綜卦（反）——火風鼎䷱（四運卦）。

水雷屯䷂（四運卦）——綜卦（反）——山水蒙䷃（二運卦）。

「雷天大壯䷡」變三、四爻界線為「地澤臨䷒」，「雷天大壯䷡」之綜卦為「天山遯䷠」。「地澤臨䷒」之綜卦為「風地觀䷓」，「天山遯䷠」變三、四爻界線為「風地觀䷓」。

二與四通：雷天大壯䷡（二運卦）——綜卦（反）——天山遯䷠（四運卦）。

地澤臨䷒（四運卦）——綜卦（反）——風地觀䷓（二運卦）。

據筆者繼大師所理解「大壯、澤火革、山水蒙、風地觀」為二運卦巨門，它變出三、四爻的卦是「地澤臨、水雷屯、火風鼎、天山遯」為文曲四運卦，故云：「**二與四通。**」

革去故也。鼎取新也
屯見而不失其居。蒙雜而著。

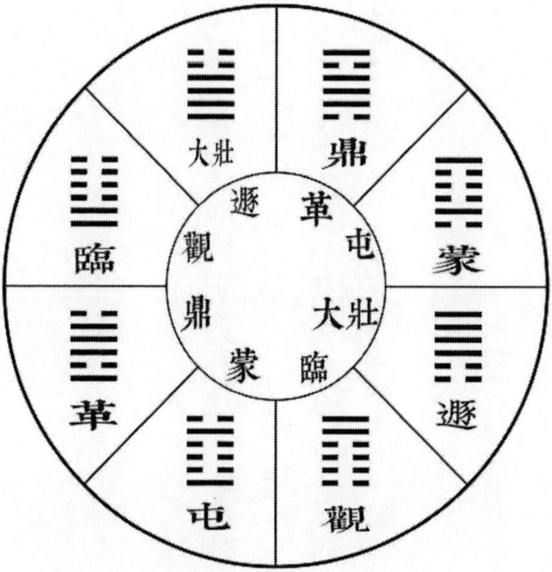

大壯則止。遯則退也。
臨觀之義。或與或求。

對卦（錯卦）反卦（綜卦）圖

大壯與觀對。與遯反。
臨與遯對。與觀反。
革與蒙對。與鼎反。
屯與鼎對。與蒙反。
觀與大壯對。與臨反。
遯與臨對。與大壯反。
蒙與革對。與屯反。
鼎與屯對。與革反。

原文：**震者動也。物不可以終動。止之故受之以艮。晉者進也。進必有所傷。故受之以明夷。需者飲食之道也。飲食必有訟。故受之以訟。巽者人也。人而後說之。故受之以兌。**

繼大師註：「地火明夷䷣」變三、四爻界線為「震卦䷲」，「地火明夷䷣」之綜卦為「火地晉䷢」。「震卦䷲」之綜卦為「艮卦䷳」，「火地晉䷢」變三、四爻界線為「艮卦䷳」。

三與一通：地火明夷䷣（三運卦）—綜卦（反）—火地晉䷢（三運卦）。震卦䷲（一運卦）—綜卦（反）—艮卦䷳（一運卦）。

「水天需䷄」變三、四爻界線為「兌卦䷹」，「水天需䷄」之綜卦為「天水訟䷅」。「兌卦䷹」之綜卦為「巽卦䷸」，「天水訟䷅」變三、四爻界線為「巽卦䷸」。

三與一通：水天需䷄（三運卦）—綜卦（反）—天水訟䷅（三運卦）。兌卦䷹（一運卦）—綜卦（反）—巽卦䷸（一運卦）。

「兌卦、巽卦、震卦、艮卦」為貪狼一運卦，「水天需、天水訟、地火明夷、火地晉」為祿存三運卦，故云：「**三與一通**」。

震者動也。物不可以終動。止之故受之以艮。
晉者進也。進必有所傷。故受之以明夷。

需者飲食之道也。飲食必有訟。故受之以訟。
巽者入也。入而後說之。故受之以兌。

對卦（錯卦）反卦（綜卦）圖

訟與明夷對。與需反。
艮與兌對。與震反。
晉與需對。與明夷反。
巽與震對。與兌反。
需與晉對。與訟反。
兌與艮對。與巽反。
明夷與訟對。與晉反。
震與巽對。與艮反。

原文：**萃聚而升不來也。解緩也。蹇難也。有无妄然後可畜。故受之以大畜。睽外也。家人內也。**

繼大師註：「地風升䷭」變三、四爻界線為「雷水解䷧」，「地風升䷭」之綜卦為「澤地萃䷬」。「雷水解䷧」之綜卦為「水山蹇䷦」，「水山蹇䷦」變三、四爻界線為「澤地萃䷬」。

四與二通：地風升䷭（二運卦）——綜卦（反）——澤地萃䷬（四運卦）。

雷水解䷧（四運卦）——綜卦（反）——水山蹇䷦（二運卦）。

「山天大畜䷙」變三、四爻界線為「火澤睽䷥」，「山天大畜䷙」之綜卦為「天雷無妄䷘」。「火澤睽䷥」之綜卦為「風火家人䷤」，「天雷無妄䷘」變三、四爻界線為「風火家人䷤」。

四與二通：山天大畜䷙（四運卦）——綜卦（反）——天雷無妄䷘（二運卦）。

火澤睽䷥（二運卦）——綜卦（反）——風火家人䷤（四運卦）。

「山天大畜、澤地萃、風火家人、雷水解」是文曲四運卦，「水山蹇、地風升、天雷無妄、火澤睽」是巨門二運卦。故云：「**四與二通**」。

萃聚而升不來也。解緩也。蹇難也。

有无妄然後可畜。故受之以大畜。

暌外也。家人內也。

對卦（錯卦）反卦（綜卦）圖

大畜與萃對。與無妄反。

暌與蹇對。與家人反。

家人與解對。與暌反。

無妄與升對。與大畜反。

萃與大畜對。與升反。

蹇與暌對。與解反。

解與家人對。與蹇反。

升與無妄。與萃反。

原文：**剝爛也。復反也。豐多故。親寡旅也。夬者決也。決必有所故。受之以姤渙離也。節止也。**

繼大師註：「雷火豐䷶」變三、四爻界線為「地雷復䷗」，「地雷復䷗」之綜卦為「山地剝䷖」，「火山旅䷷」變三、四爻界線為「山地剝䷖」，「雷火豐䷶」之綜卦為「火山旅䷷」。

六與八通：雷火豐䷶（六運卦）—綜卦（反）—火山旅䷷（八運卦）。

地雷復䷗（八運卦）—綜卦（反）—山地剝䷖（六運卦）。

「澤天夬䷪」變三、四爻界線為「水澤節䷻」，「澤天夬䷪」之綜卦為「天風姤䷫」。「風水渙䷺」變三、四爻界線為「天風姤䷫」，「水澤節䷻」之綜卦為「風水渙䷺」。

六與八通：澤天夬䷪（六運卦）—綜卦（反）—天風姤䷫（八運卦）。

水澤節䷻（八運卦）—綜卦（反）—風水渙䷺（六運卦）。

「澤天夬、風水渙、雷火豐、山地剝」為六運卦，「水澤節、天風姤、火山旅、地雷復䷗」為八運卦，故云：「**六與八通**」。

剝爛也。復反也。豐多故。親寡旅也。

夬者決也。決必有所遇。故受之以姤。渙離也。節止也。

對卦（錯卦）反卦（綜卦）圖

夬與剝對。與姤反。
節與旅對。與渙反。
豐與渙對。與旅反。
復與姤對。與剝反。
剝與夬對。與復反。
旅與節對。與豐反。
渙與豐對。與節反。
姤與復對。與夬反。

原文：**咸速也。恆久也。比樂師憂。大有眾也。同人親也。損益盛衰之始也。**

繼大師註：「雷風恒䷟」變三、四爻界線為「地水師䷆」，「雷風恒䷟」之綜卦為「澤山咸䷞」。「澤山咸䷞」變三、四爻界線為「水地比䷇」，「地水師䷆」之綜卦為「水地比䷇」。

七與九通：雷風恒䷟（九運卦）—綜卦（反）—澤山咸䷞（九運卦）。

地水師䷆（七運卦）—綜卦（反）—水地比䷇（七運卦）。

「火天大有䷍」變三、四爻界線為「山澤損䷨」，「火天大有䷍」之綜卦為「天火同人䷌」。「天火同人䷌」變三、四爻界線為「風雷益䷩」，「風雷益䷩」之綜卦為「山澤損䷨」。

七與九通：火天大有䷍（七運卦）—綜卦（反）—天火同人䷌（七運卦）。

山澤損䷨（九運卦）—綜卦（反）—風雷益䷩（九運卦）。

「火天大有、天火同人、水地比、地水師」為七運卦，「澤山咸、山澤損、雷風恒、風雷益」為九運卦，故云：「**七與九通**」。

咸速也。恆久也。比樂師憂。

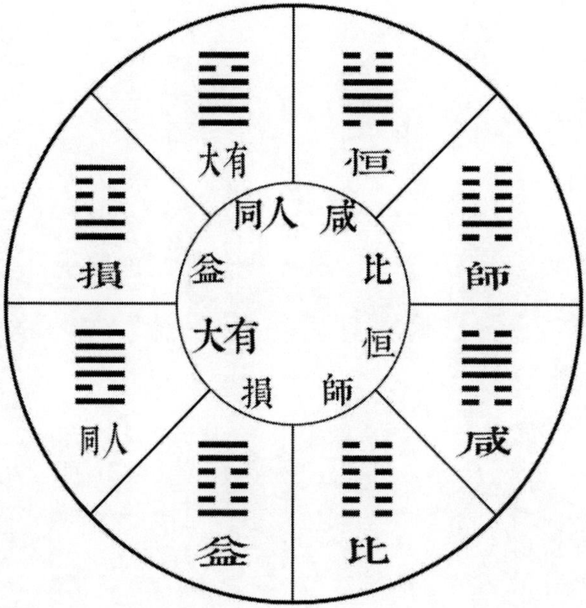

大有眾也。同人親也。
損益盛衰之始也。

對卦（錯卦）反卦（綜卦）圖

大有與比對。與同人反。
損與咸對。與益反。
同人與師對。與大有反。
益與恆對。與損反。
比與大有對。與師反。
咸與損對。與恆反。
師與同人對。與比反。
恆與益對。與咸反。

原文：**井通而困相遇也。謙輕而豫怠也。小畜寡也。履不處也。噬嗑食也。賁无色也。**

繼大師註：「水風井䷯」變三、四爻界線為「澤水困䷮」，「水風井䷯」之綜卦為「澤水困䷮」。「地山謙䷎」變三、四爻界線為「雷地豫䷏」，「地山謙䷎」之綜卦為「雷地豫䷏」。

八與六通：水風井䷯（六運卦）－綜卦（反）－澤水困䷮（八運卦）。

地山謙䷎（六運卦）－綜卦（反）－雷地豫䷏（八運卦）。

「風天小畜䷈」變三、四爻界線為「天澤履䷉」，「風天小畜䷈」之綜卦為「天澤履䷉」。「山火賁䷕」變三、四爻界線為「火雷噬嗑䷔」，「山火賁䷕」之綜卦為「火雷噬嗑䷔」。

八與六通：風天小畜䷈（八運卦）－綜卦（反）－天澤履䷉（六運卦）。

山火賁䷕（八運卦）－綜卦（反）－火雷噬嗑䷔（六運卦）。

「風天小畜、山火賁、澤水困、雷地豫」為八運卦，「水風井、地山謙、火雷噬嗑、天澤履」為六運卦，故云：「**八與六通**」。

井通而困相遇也。謙輕而豫怠也。

小畜寡也。履不處也。噬嗑食也。賁无色也。

對卦（錯卦）反卦（綜卦）圖

小畜與豫對。與履反。
履與謙對。與小畜反。
賁與困對。與噬嗑反。
噬嗑與井對。與賁反。
豫與小畜對。與謙反。
謙與履對。與豫反。
困與賁對。與井反。
井與噬嗑對。與困反。

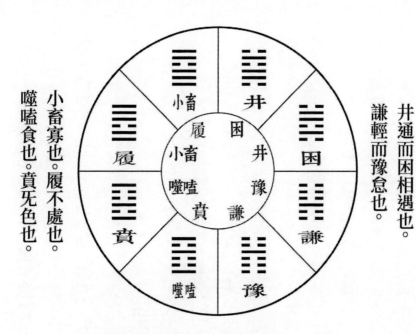

原文：**隨无故也。蠱則節也。漸者進也。進必有所歸。故受之以歸妹。否泰反其類也。故受之以既濟。故受之以未濟終焉。**

繼大師註：「澤雷隨䷐」變三、四爻界線為「水火既濟䷾」，「水火既濟䷾」之綜卦為「火水未濟䷿」。「火水未濟䷿」變三、四爻界線為「山風蠱䷑」，「山風蠱䷑」之綜卦為「澤雷隨䷐」。

九與七通：火水未濟䷿（九運卦）— 綜卦（反）— 水火既濟䷾（九運卦）。
　　　　　山風蠱䷑（七運卦）— 綜卦（反）— 澤雷隨䷐（七運卦）。

「地天泰䷊」變三、四爻界線為「雷澤歸妹䷵」，「地天泰䷊」之綜卦為「天地否䷋」。「天地否䷋」變三、四爻界線為「風山漸䷴」，「風山漸䷴」之綜卦為「雷澤歸妹䷵」。

九與七通：地天泰䷊（九運卦）— 綜卦（反）— 天地否䷋（九運卦）。
　　　　　雷澤歸妹䷵（七運卦）— 綜卦（反）— 風山漸䷴（七運卦）。

「天地否、地天泰、火水既濟、水火未濟」是九運卦，「雷澤歸妹、風山漸、澤雷隨、山風蠱」是七運卦，故云：「**九與七通**」。

隨无故也。蠱則節也。漸者進也。進必有所歸。故受之以歸妹。

對卦（錯卦）反卦（綜卦）圖

否泰反其類也。故受之以既濟。故受之以未濟終焉。

否與泰對。亦反。
歸妹與漸對。亦反。
既濟與未濟對。亦反。
隨與蠱對。亦反。

繼大師註：此四對卦的關係非常特別，「否與泰」及「既濟與未濟」，其關係是錯卦及綜卦，同時又是覆卦。其上下卦關係為天地水火，屬「乾、坤、坎、離」四陽卦，又是四正卦。

「歸妹與漸」及「隨與蠱」其關係是錯卦及綜卦。「歸妹與隨」及「漸與蠱」互為覆卦關係。其上下卦關係為雷風山澤，屬「震、巽、艮、兌」四陰卦，又是四隅卦。

（十六）張心言疏挨星、七星打劫及通卦之二十四圖總說　繼大師註

原文：**右二十四圖。同里徐瑞芝庭述。吳門潘景祺斗齊曰：前八圖分清上中下三元九運。原圖之所自。即從邵子十六卦。說朱子三十二圖說。推出於乾。為天卦歌及八宮卦序。歌中每宮各取一卦。一絲不亂。所謂八卦只有一卦通也。**

繼大師註：三元九運分「上元、中元、下元」一般是小三元元運，每一元運有廿年，

繼大師列之如下：

上元一運貪狼，二運巨門，三運祿存，共六十年。

中元四運文曲，五運廉貞，六運武曲，共六十年。

下元七運破軍，八運左輔，九運右弼，共六十年。

邵子（邵康節）十六卦即是一運貪狼及九運右弼卦：

「乾䷀、兌䷹、離䷝、震䷲、巽䷸、坎䷜、艮䷳、坤䷁。天地否䷋、地天泰䷊、澤山咸䷞、山澤損䷨、火水未濟䷿、水火既濟䷾、雷風恒䷟、風雷益䷩。」

筆者繼大師解釋如下：

午山兼丙 — 天盤是乾卦䷀，地盤是坤卦䷁。巽辰正線 — 天盤是兑卦䷹，地盤是艮卦䷳。甲山 — 天盤是離卦䷝，地盤是坎卦䷜。丑山兼癸 — 天盤是震卦䷲，地盤是巽卦䷸。未山兼丁 — 天盤是巽卦䷸，地盤是震卦䷲。子山兼壬 — 天盤是坤卦䷁，地盤是乾卦䷀。乾戌正線 — 天盤是艮卦䷳，地盤是兑卦䷹。庚山 — 天盤是坎卦䷜，地盤是離卦䷝。

乾山兼亥 — 天盤、地盤是天地否卦䷋。巽山兼巳 — 天盤、地盤是地天泰卦䷊。乙卯界線 — 天盤、地盤是山澤損卦䷨。辛酉界線 — 天盤、地盤是澤山咸卦䷞。寅山正針 — 天盤、地盤是水火既濟卦䷾。申山正針 — 天盤、地盤是火水未濟卦䷿。癸山兼丑 — 天盤、地盤是風雷益卦䷩。丁山兼未 — 天盤、地盤是雷風恒卦䷟。

繼大師列表如下：

廿四山	天盤	地盤
午山兼丙	乾卦 ䷀	坤卦 ䷁
巽辰正線	兌卦 ䷹	艮卦 ䷳
甲山	離卦 ䷝	坎卦 ䷜
丑山兼癸	震卦 ䷲	巽卦 ䷸
未山兼丁	巽卦 ䷸	震卦 ䷲
子山兼壬	坤卦 ䷁	乾卦 ䷀
乾戌正線	艮卦 ䷳	兌卦 ䷹
庚山	坎卦 ䷜	離卦 ䷝

廿四山	天盤	地盤
乾山兼亥	否卦 ䷋	否卦 ䷋
巽山兼巳	泰卦 ䷊	泰卦 ䷊
乙卯界線	損卦 ䷨	損卦 ䷨
辛酉界線	咸卦 ䷞	咸卦 ䷞
寅山正針	既濟卦 ䷾	既濟卦 ䷾
申山正針	未濟卦 ䷿	未濟卦 ䷿
癸山兼丑	益卦 ䷩	益卦 ䷩
丁山兼未	恆卦 ䷟	恆卦 ䷟

以上三元十六個六爻卦在易盤羅盤中的天盤、地盤同一個位置上，故云：

「圓圖之外三爻。方圖之內三爻」。

每宮各得「泰䷊、損䷨、既䷾、益䷩、恒䷟、未䷿、咸䷞、否䷋。」

加上貪狼八大卦　在易盤羅盤中的天盤、地盤同一個位置上的六爻卦是相同的，為：

「乾䷀、兌䷹、離䷝、震䷲、巽䷸、坎䷜、艮䷳、坤䷁。」

「朱子三十二圖說」即是三元易盤羅盤之天盤內的陽儀及陰儀各三十二卦。

〈八宮卦序歌〉即是三元易盤羅盤中六十四卦的排列次序，橫排為天盤（外盤）六十四卦，直排為地盤（內盤）六十四卦，見九十一頁〈三元內外盤六十四卦表〉。

「八卦只有一卦通也。」就是一卦通八卦，貪狼一運卦以「坤」為一，八個父母六爻卦如下：

「乾䷀、兌䷹、離䷝、震䷲、巽䷸、坎䷜、艮䷳、坤䷁。」

以二運八個同卦運為「巨門」，巨門二運卦以「巽☴」為二，筆者繼大師列之如下：

「天雷無妄䷘、雷天大壯䷡、澤火革䷰、火澤睽䷥、風地觀䷓、地風升䷭、水山蹇䷦、山水蒙䷃。」

以三運八個同卦運為「祿存」，祿存三運卦以「離☲」為三，筆者繼大師列之如下：

「天水訟䷅、水天需䷄、雷山小過䷽、山雷頤䷚、澤風大過䷛、風澤中孚䷼、火地晉䷢、地火明夷䷣。」

以四運八個同卦運為「文曲」，文曲四運卦以「兌☱」為四，筆者繼大師列之如下：

「天山遯䷠、山天大畜䷙、雷水解䷧、水雷屯䷂、澤地萃䷬、地澤臨䷒、火風鼎䷱、風火家人䷤。」

以五運為「廉貞」，六十四卦之中沒有廉貞五運卦，但以「中元四、五、六」元運計算，以五運前十年歸四運管，以五運後十年歸六運管。

以六運八個同卦運為「武曲」，武曲六運卦以「艮☶」為六，筆者繼大師列之如下：

「天澤履䷉、澤天夬䷪、雷火豐、䷶、火雷噬嗑䷔、水風井䷯、風水渙䷺、山地剝䷖、地山謙䷎。」

以七運八個同卦運為「破軍」，破軍七運卦以「坎☵」為七，筆者繼大師列之如下：

「天火同人䷌、火天大有䷍、雷澤歸妹䷵、澤雷隨䷐、水地比䷇、地水師䷆、山風蠱䷑、風山漸䷴。」

以八運八個同卦運為「左輔」，左輔八運卦以「震☳」為八，筆者繼大師列之如下：

「天風姤䷫、風天小畜䷈、雷地豫䷏、地雷復䷗、水澤節䷻、澤水困䷮、山火賁䷕、火山旅䷷。」

以九運八個同卦運為「右弼」，右弼九運卦以「乾☰」為九，筆者繼大師列之如下：

「天地否䷋、地天泰䷊、雷風恒䷟、風雷益䷩、水火既濟䷾、火水未濟䷿、山澤損䷨、澤山咸䷞。」

原文：**芝庭曰：中八圖。即從分運圖推出。取兩運合十。如八運八卦。各交通初爻。為天元二運八卦。各交通二三兩爻。亦為天元。用二八運中合十兩卦。則二爻具通矣。所謂：「坤壬乙。巨門從頭出。非盡巨門。而與巨門為一例也。」**

繼大師註：徐芝庭說，八運八個卦各交通初爻，二運八個卦各交通二三兩爻，均屬於「天元卦」。

二運八個卦為：「天雷無妄䷘、雷天大壯䷡、澤火革䷰、火澤睽䷥、風地觀䷓、地風升䷭、水山蹇䷦、山水蒙䷃。」

八運八個卦為：「天風姤䷫、風天小畜䷈、雷地豫䷏、地雷復䷗、水澤節䷻、澤水困䷮、山火賁䷕、火山旅䷷。」

各交通初爻是八運卦，各交通二三兩爻是二運卦，是天元卦運的特徵，筆者繼大師分析二運卦各交通二三兩爻如下：

天雷無妄䷘——二爻、三爻是陰爻，二爻與五爻交通俱變，三爻與六爻交通俱變。

雷天大壯䷡——五爻、六爻是陰爻，二爻與五爻交通俱變，三爻與六爻交通俱變。

澤火革䷰——六爻、二爻是陰爻，二爻與五爻交通俱變，三爻與六爻交通俱變。

火澤睽䷥——五爻、三爻是陰爻，二爻與五爻交通俱變，三爻與六爻交通俱變。

風地觀䷓——五爻、六爻是陽爻，二爻與五爻交通俱變，三爻與六爻交通俱變。

地風升䷭——二爻、三爻是陽爻，二爻與五爻交通俱變，三爻與六爻交通俱變。

水山蹇䷦——五爻、三爻是陽爻，二爻與五爻交通俱變，三爻與六爻交通俱變。

山水蒙䷃——六爻、二爻是陽爻，二爻與五爻交通俱變，三爻與六爻交通俱變。

筆者繼大師分析八運卦各交通初爻、四爻如下：

天風姤䷫——初爻是陰爻，初爻與四爻交通俱變。

風天小畜䷈——四爻是陰爻，初爻與四爻交通俱變。

雷地豫䷏——四爻是陽爻，初爻與四爻交通俱變。

地雷復䷗——初爻是陽爻，初爻與四爻交通俱變。

水澤節䷻——初爻是陽爻，四爻是陰爻，初爻與四爻交通俱變，其餘二爻、五爻是陽爻不變，三爻、六爻是陰爻不變，只是初爻與四爻有變。

澤水困䷮——初爻是陰爻，四爻是陽爻，初爻與四爻交通俱變，其餘二爻、五爻是陽爻不變，三爻、六爻是陰爻不變，只是初爻與四爻有變。

山火賁䷕——初爻是陽爻，四爻是陰爻，初爻與四爻交通俱變，其餘二爻、五爻是陰爻不變，三爻、六爻是陽爻不變，只是初爻與四爻有變。

火山旅䷷——初爻是陰爻，四爻是陽爻，初爻與四爻交通俱變，其餘二爻、五爻是陰爻不變，三爻、六爻是陽爻不變，只是初爻與四爻有變。

原文：**後八圖。又從合十圖推出。分運合十兩圖。未足以盡地之變。則反對圖尚矣。如一水從豫卦來，一水從小畜來，更有一水從姤卦來，一水從復卦來。豫與小畜。復之與姤。各為同運對待之卦。而復為豫之卦反。姤為小畜之卦反。則四卦又屬一氣相通。**

繼大師註：兩圖均為合十卦運，即是「錯卦」（合十之夫婦卦），「卦反」即是「覆卦」，「爻反」者即「綜卦」也（本卦倒轉看），疏者張心言地師認為卦圖未能解釋得清楚，故再舉例說明，這裡以平洋水龍為例：

有一水流從「豫卦䷏」來，另一水流從「小畜䷈」來，更有一水流從「姤卦䷫」來，再有一水流從「復卦䷗」來。筆者繼大師分析如下：

「雷地豫䷏」與「風天小畜䷈」，兩卦均為合十夫婦卦。

「地雷復䷗」與「天風姤䷫」，兩卦亦是合十夫婦卦。

「雷地豫䷏」與「地雷復䷗」，兩卦是覆卦，上下卦對調。

「風天小畜䷈」與「天風姤䷫」，兩卦亦是覆卦，上下卦對調。

「卦反」即是「覆卦」，「雷地豫䷏」、「地雷復䷗」、「風天小畜䷈」、「天風姤䷫」這四個卦均是同運之八運卦（左輔）。故云：「四卦又屬一氣相通。」

原文：**倘一水從豫卦來。一水從大壯來。便是合十。或更有一水從遯卦來。一水從謙卦來。遯為大壯之爻反。謙為豫卦之爻反。再合卦反。兩卦是一局。有六水可收。所謂：「水上排龍點位裝。兄弟更子孫」也。**

繼大師註：一水流從「豫卦䷏」（八運卦）來，一水流從「大壯䷡」（二運卦）來，便是合十卦運，或有一水流從「遯卦䷠」（四運卦）來，一水從「謙卦䷎」（六運卦）來。「遯卦䷠」為「大壯卦䷡」之爻反（即是綜卦），「謙卦䷎」為「豫卦䷏」之爻反（即是綜卦）。

若再合卦反（即是覆卦）更佳，如：

「雷地豫卦䷏」之覆卦為「地雷復䷗」，「豫卦䷏」、「復䷗」兩卦是一局。

「雷天大壯䷡」之覆卦為「天雷無妄䷘」，「大壯䷡」、「無妄䷘」兩卦是一局。

「天山遯卦䷠」之覆卦為「山天大畜䷙」，「遯卦䷠、大畜䷙」兩卦是一局。

「地山謙卦䷎」之覆卦為「山地剝卦䷖」，「謙卦䷎、剝卦䷖」兩卦是一局。

「風天小畜䷈」之覆卦為「天風姤䷫」，兩卦亦是一局。

「有六水可收」筆者繼大師認為是指「錯卦、覆卦、綜卦」，以「豫卦䷏」為例，可收「豫卦䷏、復卦䷗、謙卦䷎、小畜䷈、姤卦䷫、剝卦䷖」，加上上下元運，再配合三陰三陽則大吉也。

原文：**按潘徐說有所本。並非附會穿鑿。潘氏說。與僕**（指張心言）**所得方外說同。僕因作口訣上。俾學者便於記誦。徐氏說愈推愈密。層出不窮。盡中八圖。一與九通。二與八通。三與七通。四與六通。是前四運與後四運兼取互用。**

繼大師註：在八個圖中，一運與九運通，二運與八運通，三運與七運通，四運與六運通，是前四運（一、二、三、四運）與後四運（六、七、八、九運）兼取互用，同運為兄弟卦，合十運為輔助兄弟卦，一與九合十，二與八合十，三與七合十，四與六合十，八個元運共有四個組合，為楊公所說之「四神」也，「四神」中各取所需，兼取而互用，必須得明師真傳始可為之。

原文：**傳曰兼取者。先時補救之道。善後之良策也，盡八圖。一與三通。二與四通。六與八通。七與九通。是則四運與後四旁引成語。以為確證地有不盡此者。再參卷中通。為運各歸一路。傳曰：一路者。當時直達之機。取勝之選鋒也。僕**（指張心言）**特參考舊圖諸格。則地理卦理。度幾其無余蘊矣。**

繼大師註：「一與三通。二與四通。六與八通。七與九通。」即是「本卦」變三、四爻，及與「綜卦」的關係，筆者繼大師分析如下：

一運「乾卦䷀」——變三、四爻為「風澤中孚䷼」三運卦——一與三通。「乾卦䷀」、「風澤中孚䷼」綜卦不變，為不動卦。

二運「雷天大壯䷡」—變三、四爻為「地澤臨䷒」（四運卦）—二與四通。

雷天大壯䷡（二運卦）—綜卦—天山遯䷠（四運卦）—二與四通。

地澤臨䷒（四運卦）—綜卦—風地觀䷓（二運卦）—二與四通。

三運「火地晉䷢」—變三、四爻為「艮卦䷳」（一運卦）—三與一通。

火地晉䷢（三運卦）—綜卦—地火明夷䷣（三運卦）。

艮卦䷳（一運卦）—綜卦—震䷲（一運卦）。

四運「山天大畜䷙」—變三、四爻為「火澤睽䷥」（二運卦）—四與二通。

山天大畜䷙（四運卦）—綜卦—天雷無妄䷘（二運卦）—四與二通。

火澤睽䷥（二運卦）—綜卦—風火家人䷤（四運卦）四與二通。

六運「澤天夬䷪」—變三、四爻為「水澤節䷻」（八運卦）—六與八通。

澤天夬䷪（六運卦）—綜卦—天風姤䷫（八運卦）—六與八通。

水澤節䷻」（八運卦）—綜卦—風水渙䷺（六運卦）—六與八通。

七運「火天大有䷍」—變三、四爻為「山澤損䷨」（九運卦）—七與九通。

火天大有䷍（七運卦）—綜卦—天火同人䷌（七運卦）。

山澤損䷨（九運卦）—綜卦—風雷益䷩（九運卦）。

八運「風天小畜䷈」—變三、四爻為「天澤履䷉」（六運卦）—八與六通。

風天小畜䷈（八運卦）—綜卦—天澤履䷉（六運卦）—八與六通。

天澤履䷉（六運卦）—綜卦—風天小畜䷈（八運卦）—八與六通。

九運「地天泰䷊」—變三、四爻為「雷澤歸妹䷵」（七運卦）—九與七通。

地天泰䷊（九運卦）—綜卦—天地否䷋（九運卦）。

雷澤歸妹䷵（七運卦）—綜卦—風山漸䷴（七運卦）。

原文：**右順逆四十八局其父母卦。即邵子天地定位。否泰反類全極。圖中之十六卦也。其各生六子。即朱子啟蒙三十二全圖。每對待兩卦可推六十四卦。循環無端。生生不已。**

地理特易理之一端。故只取十六父母卦之各生六子。順推逆推而得。四十八局盡乾坤既交之後。坎離用事。雷風山澤。各有所用。乾兌離震巽未咸否。又各為萬物父母。亦子復生孫之義也。蔣傳此三陰三陽，各自為交。而生萬物。盡為此也。

繼大師註：一運貪狼父母卦為：

「乾䷀、兌䷹、離䷝、震䷲、巽䷸、坎䷜、艮䷳、坤䷁。」

每個父母卦各變出六爻子息卦，一運貪狼八大父母卦變出順子四十八局，筆者繼大師列之如下：

乾卦䷀父母卦｜上爻 澤天夬䷪、五爻 火天大有䷍、四爻風天小畜䷈、三爻天澤履䷉、二爻天火同人䷌、初爻天風姤䷫。

兌卦䷹父母卦｜上爻 天澤履䷉、五爻 雷澤歸妹䷵、四爻水澤節䷻、三爻澤天夬䷪、二爻澤雷隨䷐、初爻澤水困䷮。

離卦䷝父母卦｜上爻 雷火豐䷶、五爻 天火同人䷌、四爻山火賁䷕、三爻火雷噬嗑䷔、二爻火天大有䷍、初爻火山旅䷷。

震卦䷲父母卦——上爻 火雷噬嗑䷔、五爻澤雷隨䷐、四爻地雷復䷗、三爻雷火豐䷶、二爻雷澤歸妹䷵、初爻雷地豫䷏。

巽卦䷸父母卦——上爻 水風井䷯、五爻 山風蠱䷑、四爻天風姤䷫、三爻風水渙䷺、二爻風山漸䷴、初爻風天小畜䷈。

坎卦䷜父母卦——上爻 風水渙䷺、五爻 地水師䷆、四爻澤水困䷮、三爻水風井䷯、二爻水地比䷇、初爻水澤節䷻。

艮卦䷳父母卦——上爻 地山謙䷎、五爻 風山漸䷴、四爻火山旅䷷、三爻山地剝䷖、二爻山風蠱䷑、初爻山火賁䷕。

坤卦䷁父母卦——上爻 山地剝䷖、五爻 水地比䷇、四爻雷地豫䷏、三爻地山謙䷎、二爻地水師䷆、初爻地雷復䷗。

以上各一運貪狼八大父母卦，各變出六個子息卦，共四十八個子息卦，為：

「順子四十八局」。附圖表如下：

順子四十八局

乾坤	坎離	震巽	艮兌
䷪夬 ䷖剝	䷺渙 ䷶豐	䷔噬嗑 ䷯井	䷎謙 ䷉履
䷍大有 ䷇比	䷆師 ䷌同人	䷐隨 ䷑蠱	䷴漸 ䷵歸妹
䷈小畜 ䷏豫	䷮困 ䷕賁	䷗復 ䷫姤	䷷旅 ䷻節
䷉履 ䷎謙	䷯井 ䷔噬嗑	䷶豐 ䷺渙	䷖剝 ䷪夬
䷌同人 ䷆師	䷇比 ䷍大有	䷵歸妹 ䷴漸	䷑蠱 ䷐隨
䷫姤 ䷗復	䷻節 ䷷旅	䷏豫 ䷈小畜	䷕賁 ䷮困
䷀乾 ䷁坤	䷜坎 ䷝離	䷲震 ䷸巽	䷳艮 ䷹兌
父母卦交生六子	父母卦交生六子	父母卦交生六子	父母卦交生六子

每個九運父母卦各變出六爻子息卦，九運右弼八大父母卦變出逆息四十八局。筆者繼大師將九運右弼父母卦列之如下：

「天地否䷋、澤山咸䷞、火水未濟䷿、雷風恒䷟、風雷益䷩、䷾既濟、山澤損䷨、地天泰䷊。」

九運右弼八大父母變出六爻子息卦

天地否䷋父母卦 ── 上爻 澤地萃䷬、五爻 火地晉䷢、四爻 風地觀䷓、三爻天山遯䷠、二爻天水訟䷅、初爻天雷無妄䷘。

地天泰䷊父母卦 ── 上爻 山天大畜䷙、五爻水天需䷄、四爻雷天大壯䷡、三爻地澤臨䷒、二爻地火明夷䷣、初爻地風升䷭。

水火暨濟䷾父母卦 ── 上爻 風火家人䷤、五爻 地火明夷䷣、四爻澤火革䷰、三爻水雷屯䷂、二爻水天需䷄、初爻水山蹇䷦。

火水未濟䷿父母卦——上爻雷水解䷧、五爻天水訟䷅、四爻山水蒙䷃、三爻火風鼎䷱、二爻火地晉䷢、初爻火澤睽䷥。

雷風恒䷟父母卦——上爻火風鼎䷱、五爻澤風大過䷛、四爻地風升䷭、三爻雷水解䷧、二爻雷山小過䷽、初爻雷天大壯䷡。

風雷益䷩父母卦——上爻水雷屯䷂、五爻山雷頤䷚、四爻天雷無妄䷘、三爻風火家人䷤、二爻風澤中孚䷼、初爻風地觀䷓。

山澤損䷨父母卦——上爻地澤臨䷒、五爻風澤中孚䷼、四爻火澤睽䷥、三爻山天大畜䷙、二爻山雷頤䷚、初爻山水蒙䷃。

澤山咸䷞父母卦——上爻天山遯䷠、五爻雷山小過䷽、四爻水山蹇䷦、三爻澤地萃䷬、二爻澤風大過䷛、初爻澤火革䷰。

以上各九運八大父母卦，各變出六個子息卦，共四十八個子息卦，為：

「**逆息四十八局**」。

逆息四十八局

萃 大畜	家人 解	鼎 屯	臨 遯
晉 需	明夷 訟	大過 頤	中孚 小過
觀 大壯	革 蒙	升 無妄	睽 蹇
遯 臨	屯 鼎	解 家人	大畜 萃
訟 明夷	需 晉	小過 中孚	頤 大過
無妄 升	蹇 睽	大壯 觀	蒙 革
否 泰 父母卦 交生六子	既濟 未濟 父母卦 交生六子	恆 益 父母卦 交生六子	損 咸 父母卦 交生六子

原文：**徐芝庭曰。如復為坤之子息。看龍水到頭。多見坤之子息。則定為坤之子息。倘多見震之子息爻神。則定為震之子息。餘倣**（彷）**此。**

繼大師註：「復卦䷗」為「坤卦䷁」變初爻之子息，要看來龍水流到頭之一節，若來龍水流多見「坤卦䷁」之子息，如見「地水師䷆」、「地山謙䷎」等卦，則定為「坤卦䷁」之子息。

倘來龍水流多見「震卦䷲」之子息爻神，如見「火雷噬嗑䷔」、「澤雷隨䷐」、「地雷復䷗」等卦，則定為「震卦䷲」之子息。如此類推。

《本篇完》

（十七）張心言述羅盤圖式之口訣上及下 —— 繼大師註

《手盤圖式》《口訣上》：乾兌離震巽坎艮坤一（一運）**。壯睽革妄升蒙蹇觀二**（二運）**。需中夷頤過**（大過）**訟小**（小過）**晉三**（三運）**。畜**（大畜）**臨家屯鼎解遯萃四**（四運）**。夬履豐嗑**（噬嗑）**井渙謙剝六**（六運）**。有妹同隨蠱師漸比七**（七運）**。畜**（小畜）**節賁復姤困旅豫八**（八運）**。泰損既益恆未咸否九**（九運）**。**

《口訣上》為「一、二、三、四、六、七、八、九」運，每運各有八個六爻卦，筆者繼大師列之如下：

一運貪狼八大卦：「乾䷀、兌䷹、離䷝、震䷲、巽䷸、坎䷜、艮䷳、坤䷁。」

二運巨門八大卦為：「雷天大壯䷡、火澤睽䷥、澤火革䷰、天雷無妄䷘、地風升䷭、山水蒙䷃、水山蹇䷦、風地觀䷓。」

三運祿存八大卦為：「水天需䷄、風澤中孚䷼、地火明夷䷣、山雷頤䷚、澤風大過䷛、天水訟䷅、雷山小過䷽、火地晉䷢。」

四運文曲八大卦為：「山天大畜䷙、地澤臨䷒、風火家人䷤、水雷屯䷂、火風鼎䷱、雷水解䷧、天山遯䷠、澤地萃䷬。」

六運武曲八大卦為：「澤天夬䷪、天澤履䷉、雷火豐䷶、火雷噬嗑䷔、水風井䷯、風水渙䷺、地山謙䷎、山地剝䷖。」

七運破軍八大卦為：「火天大有䷍、雷澤歸妹䷵、天火同人䷌、澤雷隨䷐、山風蠱䷑、地水師䷆、風山漸䷴、水地比䷇。」

八運左輔八大卦為：「風天小畜䷈、水澤節䷻、山火賁䷕、地雷復䷗、天風姤䷫、澤水困䷮、火山旅䷷、雷地豫䷏。」

九運右弼八大卦：「地天泰䷊、山澤損䷨、水火既濟䷾、風雷益䷩、雷風恒䷟、火水未濟䷿、澤山咸䷞、天地否䷋。」

手盤圖式

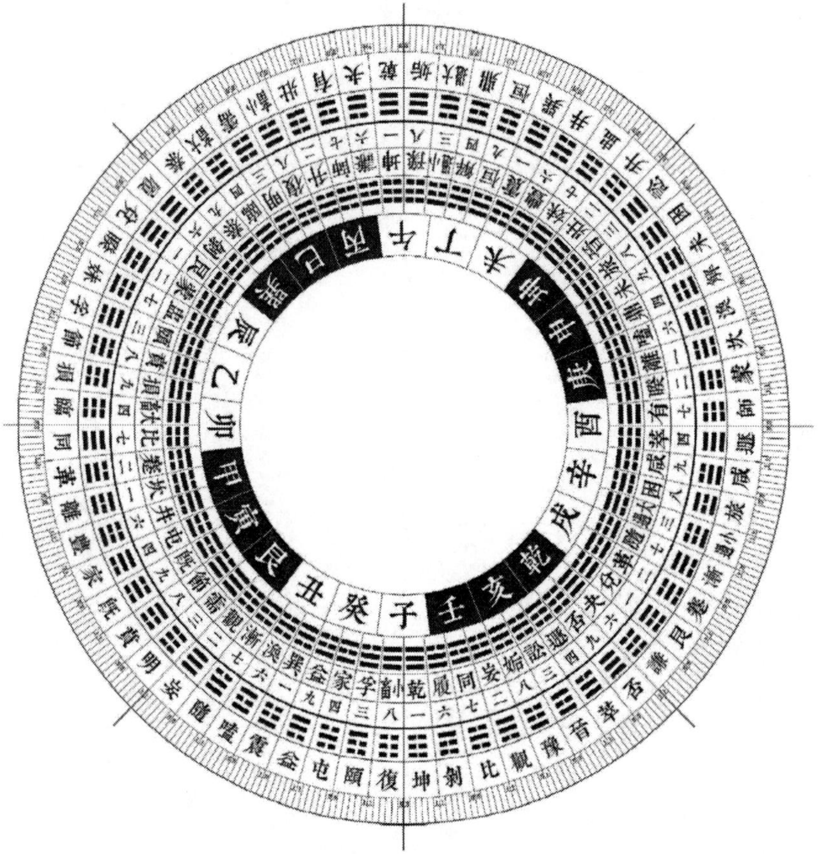

〈口訣上〉

乾兌離震巽坎艮坤一
壯睽革妄升蒙蹇觀二
需中夷頤過訟小晉三
畜臨家屯鼎解遯萃四
夬履豐嗑井渙謙剝六
有妹同隨蠱師漸比七
畜節賁復姤困旅豫八
泰損既益恆未咸否九

原文：《口訣下》：二三四運。九為父母。六七八運。一為父母。兩水對待。運歸中五。本運合十。是名日輔。名異實同。貪狼父母。順逆可排。九星挨數。更有挨法。亥壬比晉。七運收亥。三運收壬。客水權宜。莫誤正神。

繼大師註：一運為父母卦，以「乾☰、坤☷」為代表，以三爻卦來說，口訣為：

「**乾三連、坤六斷**」，三個陽爻及三個陰爻。

乾卦☰屬九數為父母——變初爻——巽卦☴屬二——為長女

乾卦☰屬九數為父母——變二爻——離卦☲屬三——為中女

乾卦☰屬九數為父母——變三爻——兌卦☱屬四——為少女

坤卦☷屬一數為父母卦——變初爻——震卦☳屬八數——為長男

坤卦☷屬一數為父母卦——變二爻——坎卦☵屬七數——為中男

坤卦☷屬一數為父母卦——變三爻——艮卦☶屬六數——為少男

一運貪狼父母卦生出六、七、八運子息卦，八個一運貪狼父母卦，共生出四十八個子息卦。筆者繼大師將六爻卦之父母子息卦列出如下：

六爻卦「乾卦䷀」為一運父母卦，所變出的卦運為：

乾卦䷀變上爻——澤天夬䷪六運卦。變三爻——天澤履䷉六運卦。

乾卦䷀變五爻——火天大有䷍七運卦。變二爻——天火同人䷌七運卦。

乾卦䷀變四爻——風天小畜䷈八運卦。變初爻——天風姤䷫八運卦。

六爻卦「兌卦䷹」為一運父母卦，所變出的卦運為：

兌卦䷹變上爻——天澤履䷉六運卦。變三爻——澤天夬䷪六運卦。

兌卦䷹變五爻——雷澤歸妹䷵七運卦。變二爻——澤雷隨䷐七運卦。

兌卦䷹變四爻——水澤節䷻八運卦。變初爻——澤水困䷮八運卦。

六爻卦「離卦䷝」為一運父母卦，所變出的卦運為：

離卦䷝變上爻——雷火豐䷶六運卦。變三爻——火雷噬嗑䷔六運卦。

離卦䷝變五爻——天火同人䷌七運卦。變二爻－火天大有䷍七運卦。

離卦䷝變四爻——山火賁䷕八運卦。變初爻——火山旅䷷八運卦。

六爻卦「震卦䷲」為一運父母卦，所變出的卦運為：

震卦䷲變上爻——火雷噬嗑䷔六運卦。變三爻——雷火豐䷶六運卦。

震卦䷲變五爻——澤雷隨䷐七運卦。變二爻——雷澤歸妹䷵七運卦。

震卦䷲變四爻——地雷復䷗八運卦。變初爻——雷地豫䷏八運卦。

六爻卦「巽卦䷸」為一運父母卦，所變出的卦運為：

巽卦䷸變上爻——水風井䷯六運卦。變三爻——風水渙䷺六運卦。

巽卦䷸變五爻——山風蠱䷑七運卦。變二爻——風山漸䷴七運卦。

巽卦䷸變四爻——天風姤䷫八運卦。變初爻——風天小畜䷈八運卦。

六爻卦「坎卦䷜」為一運父母卦，所變出的卦運為：

坎卦䷜變上爻——風水渙䷺六運卦。變三爻——水風井䷯六運卦。

坎卦䷜變五爻——地水師䷆七運卦。變二爻——水地比䷇七運卦。

坎卦䷜變四爻——澤水困䷮八運卦。變初爻——水澤節䷻八運卦。

六爻卦「艮卦䷳」為一運父母卦，所變出的卦運為：

艮卦䷳變上爻——地山謙䷎六運卦。變三爻——山地剝䷖六運卦。

艮卦䷳變五爻——風山漸䷴七運卦。變二爻——山風蠱䷑七運卦。

艮卦䷳變四爻——火山旅䷷八運卦。變初爻——山火賁䷕八運卦。

六爻卦「坤卦䷁」為一運父母卦，所變出的卦運為：

坤卦䷁變上爻——山地剝䷖六運卦。變三爻——地山謙䷎六運卦。

坤卦䷁變五爻——水地比䷇七運卦。變二爻——地水師䷆七運卦。

坤卦䷁變四爻——雷地豫䷏八運卦。變初爻——地雷復䷗八運卦。

每個九運父母卦各變出六爻子息卦，九運右弼八大父母卦變出逆息四十八局，九運父母生出「二、三、四」運子息卦。

九運右弼父母卦筆者繼大師列之如下：「天地否䷋、澤山咸䷞、火水未濟䷿、雷風恒䷟、風雷益䷩、水火既濟䷾、山澤損䷨、地天泰䷊。」

六爻卦「天地否卦䷋」為九運父母卦，所變出的卦運為：

天地否卦䷋變四爻——風地觀䷓二運卦。變初爻——天雷無妄䷘二運卦。

天地否卦䷋變五爻——火地晉䷢三運卦。變二爻——天水訟䷅三運卦。

天地否卦䷋變上爻——澤地萃䷬四運卦。變三爻——天山遯䷠四運卦。

六爻卦「澤山咸卦䷞」為九運父母卦，所變出的卦運為：

澤山咸卦䷞變四爻——水山蹇䷦二運卦。變初爻——澤火革䷰二運卦。

澤山咸卦䷞變五爻——雷山小過䷽三運卦。變二爻——澤風大過䷛三運卦。

澤山咸卦䷞變上爻——天山遯䷠四運卦。變三爻——澤地萃䷬四運卦。

六爻卦「火水未濟卦䷿」為九運父母卦，所變出的卦運為：

火水未濟䷿變四爻——山水蒙䷃二運卦。變初爻——火澤睽䷥二運卦。

火水未濟䷿變五爻——天水訟䷅三運卦。變二爻——火地晉䷢三運卦。

火水未濟䷿變上爻——雷水解䷧四運卦。變三爻——火風鼎䷱四運卦。

六爻卦「雷風恒䷟」為九運父母卦，所變出的卦運為：

雷風恒䷟變四爻——地風升䷭二運卦。變初爻——雷天大壯䷡二運卦。

雷風恒䷟變五爻——澤風大過䷛三運卦。變二爻－雷山小過䷽三運卦。

雷風恒䷟變上爻——火風鼎䷱四運卦。變三爻——雷水解䷧四運卦。

六爻卦「風雷益䷩」為九運父母卦，所變出的卦運為：

風雷益䷩變四爻——天雷無妄䷘二運卦。變初爻－風地觀䷓二運卦。

風雷益䷩變五爻——山雷頤䷚三運卦。變二爻——風澤中孚䷼三運卦。

風雷益䷩變上爻——水雷屯䷂四運卦。變三爻——風火家人䷤四運卦。

六爻卦「水火既濟䷾」為九運父母卦，所變出的卦運為：

水火既濟䷾變四爻——澤火革䷰二運卦。變初爻——水山蹇䷦二運卦。

水火既濟䷾變五爻——地火明夷䷣三運卦。變二爻－水天需䷄三運卦。

水火既濟䷾變上爻——風火家人䷤四運卦。變三爻－水雷屯䷂四運卦。

六爻卦「山澤損䷨」為九運父母卦，所變出的卦運為：

山澤損䷨變四爻——火澤睽䷥二運卦。變初爻——山水蒙䷃二運卦。

山澤損䷨變五爻——風澤中孚䷼三運卦。變二爻——山雷頤䷚三運卦。

山澤損䷨變上爻——地澤臨䷒四運卦。變三爻——山天大畜䷙四運卦。

六爻卦「地天泰䷊」為九運父母卦，所變出的卦運為：

地天泰䷊變四爻——雷天大壯䷡二運卦。變初爻——地風升䷭二運卦。

地天泰䷊變五爻——水天需䷄三運卦。變二爻——地火明夷䷣三運卦。

地天泰䷊變上爻——山天大畜䷙四運卦。變三爻——地澤臨䷒四運卦。

原文：**左浜到復。龍宜收坤。右浜到坤。復卦龍身。兩宮交界。雜亂禍侵。右浜到豫。龍自觀生。左浜到觀。豫卦龍神。**

繼大師註：「子山」正線為兩宮交界之位，「地雷復卦䷗」屬於震宮☳最後之一卦，「坤卦䷁」屬於坤宮☷最後之一卦。左浜之水流到「復卦䷗」，則來龍宜收「坤卦䷁」，右浜之水流到「坤卦䷁」，則來龍宜收復卦䷗。

筆者繼大師認為「復卦䷗、坤卦䷁」因為是兩宮交界之處，稍一不慎，容易錯收，以致雜亂禍侵。

「豫卦䷏」與「觀卦䷓」，剛好就是坤宮☷中間的兩個卦，以筆者繼大師的經驗「坤宮☷」內的「天地否䷋、澤地萃䷬、火地晉䷢、雷地豫䷏」四個卦屬陽儀，「風地觀䷓、水地比䷇、山地剝䷖、坤卦䷁」屬陰儀，故此「豫卦䷏」與「觀卦䷓」是坤宮☷內陰陽交界之卦位。

若右浜之水流到「豫卦䷏」，則來龍由「風地觀卦䷓」所生，左浜之水流到「風地觀卦䷓」則「雷地豫卦䷏」為龍神，平洋地以水流為來龍，故在兩儀交界之卦位，宜小心立向，免得出卦招凶也。

原文：**兩儀分界。差錯莫攖。**（攖－音英，觸犯之意。）**從此細推。每卦可尋。卦莫亂挨。地貴生成。巒頭理氣。引証雙清。我**（指張心言地師）**因蔣註。補此口訣。神而明之。九星可闕。**《口訣下》完

繼大師註：「復卦䷗」與「坤卦䷁」是「震宮䷲」與「坤宮䷁」的交界卦位，「豫卦䷏」與「觀卦䷓」是「坤宮䷁」內兩儀陰陽交界之卦位，一個是宮位的交界，另一個是宮內的陰陽兩儀交界，故云：

「兩儀分界。差錯莫攖。」

並強調「**卦莫亂挨**」，張心言地師在此並說明：

「穴地是天然生成的，巒頭理氣兩者必須配合。」

《本篇完》

（十八）《地理辨正疏》羅盤結構 —— 張心言著 —— 繼大師註

原文：**大盤式樣以徑一尺五分。圍三尺三寸為率。邊列七政。新尺十二宮星度以備選擇之用。邊之第二層列三百八十四爻。第三第四層列方圓圖六十四卦名。針池外。第一第二層列先後天八卦。第三層列干支廿四字。其餘層數不拘。按卦採取添入可也。或謂三合盤以廿四字格龍格水。尚恐不準。今以六十四字格之。何能一絲不走。**

繼大師註：張心言地師指的是三元羅盤的結構，中國古代一尺五分的羅盤，約相當於現在的一呎二吋（英呎）大小的羅盤，外圍圓週三尺三寸，相當於現在的約三呎八吋（英呎），圓週率為 3.1416。

羅盤最外邊列出七政四餘的廿八宿度，及十二宮星度，外邊之第二層列六十四卦內的三百八十四爻，第三層列出方圖，圓圖即是天盤六十四卦，第四層列出方圖，即是地盤六十四卦。

由針池內數起，第一層為先天八大卦，第二層為後天八大卦，第三層列干支廿四字，即是廿四山，其餘層數不拘，可加可減，或可加上三合盤的刻度，或以廿四字格龍格水，若擔心不準確，可以以六十四卦格之，那就非常準確了。

原文：**日用測望法則無不準。用盤杖一根。約長五尺。下裝鐵頭。扦定土中。其杖或用兩節套管。便於攜帶。上用銅盤。套在杖端。形如仰釜。將大盤安放銅盤上。用線兩根。長短以盤之濶狹為度。線之四端各繫制錢一枚。**

如格姤䷫復䷗二卦將兩線夾放卦路兩旁。手中另執一懸線。兩端亦各繫一錢。放眼隔着手中懸線。望盤上看去。要以手線蓋準盤線。不差分毫。然後提起眼光。平望遠處。看左線。恰好照在港東。再看右線。恰好照在港西。則中間水路便是姤卦䷫之水矣。格復卦䷗之龍。亦用此法。

繼大師註：以上張心言地師提倡的方法，用盤杖、鐵頭、兩節套管等附加套件，用測望法去測量，則更加準確。將大羅盤安放在銅盤上，用線兩根，長短以羅盤之濶狹為度，線之四端各繫制銅錢一枚，以筆者繼大師的理解，古代銅錢，中間有孔，兩銅錢中間孔互相對準，可用作測量方位，如格「姤䷫、復䷗」二卦，將兩線夾放卦路兩旁，手中另執一懸線兩端，亦各繫一錢，放眼隔着手中懸線。望著羅盤上看去，瞄準目標去測量，這是當時清朝時代（約 1827 年）的方法。

原文：**離盤廿丈。卦路計濶一丈九尺六寸有奇。離盤四十丈。卦路計濶三丈九尺有奇。若格百丈以外。遠龍遠水。卦路愈遠愈闊。斷無不準之理。**

按句股法。徑七寸。圍得一尺二寸。風俗通三百六十步為里。公羊傳註。六尺為步。三百步為里。卷中推原父母卦。即來水去水之前一節二節也。大抵在半里一里之間。今以半里推算。前面離盤半里。合盤後半里。便是一里。

照風俗通計。徑二百十六丈。圍得六百七十八丈八尺八寸八分作六十四股。分派每股應得十丈零六尺零七分。若離盤一里。每股應得二十一丈二尺有奇。離盤二里。每股應得四十二丈四尺有奇。

繼大師註：此段說出量度現場水道的方向、方位的實際操作的方法，其距離與長度大小成比例，測量方位卦路方法之一，「六十四股」繼大師認為是指六十四卦，古代羅盤未有現代的羅盤那麼完善，因被視為極秘密之法，故不會隨便公開。

現在三元易卦羅盤已經大大公開了它的內容，不再視為秘密。現在已經有雷射槍放在羅盤上，亦有安放羅盤腳架的設備，方便測量向度及方位，不過雷射槍在日間不適用於戶外，可用目測瞄準作收山及開水口而定出卦位，更適合用於陽宅室內風水佈局時使用。

原文：**蔣傳論倒排父母。既要曲折。又要每折不出本卦。蓋一二里間。卦路已濶三四十丈。儘容曲折。可不出本卦。且夬卦䷪折入大有䷍。履卦䷉折入同人䷌。俱為倒排之本卦。**

繼大師註：蔣大鴻地師論「倒排父母卦」時，要每折水流不出本卦，「夬卦䷪」折入「大有䷍」，「履卦䷉」折入「同人䷌」，俱為倒排之本卦也。以筆者繼大師的理解「倒排」即是「覆卦」，「澤天夬卦䷪」的覆卦是「天澤履卦䷉」。「火天大有䷍」卦的覆卦是「天火同人䷌」卦，如此類推。

原文：**又如收坤䷁水。其來源自西流東。則到頭宜收訟卦䷅。其來源自西南流東北。則到頭宜收升卦䷭。細玩四十八局。當自知之。恐學者疑。格遠龍或有不準。故特附詳於此。**

繼大師註：此段是三元地理家收山出煞及水法的精華，平洋龍以水流為龍，羅盤廿四山之「坤山」，筆者繼大師發覺此乃三元易盤羅盤之兩宮交界處，稍有不慎，易犯空亡線度。若平洋穴向坤（西南方），其來源自西流東，即是右倒左水，則到頭宜收「訟卦䷅」。

若平洋穴向坤（西南方），其來源自西南流東北，亦是右倒左水，但源頭不同，這裏有天機所在，故到頭宜收「升卦䷭」。每宮之作法，均如此類推，細玩四十八局自明。

《本篇完》

（十九）三元羅盤論　繼大師

中國古代在黃帝與蚩尤打仗時，相傳九天玄女下降，教授黃帝造指南車，大破蚩尤的毒霧，後至張良輔助漢室江山之時，拜黃石公為師，精通兵法及風水玄學，劉邦得天下時，相傳張良辭官前往現時的湖南張家界地方，尋找他的師父黃石公修練而成仙，並自卜八葉蓮花穴作生基之地，呂良山為此穴之水口砂，後來他的第八代孫出張天師，為道教的祖師。故九天玄女及黃石公是風水界的祖師。

黃帝造指南車後，經過很久的時間，漸漸發展成為指南針，應用在風水羅盤上，中央稱為「天池」，然後依照易經八卦的原理，有系統地排列在羅盤上，古代的風水羅盤八卦排列方式，被認為是極機密的天機，只重於個別的心傳口授，不會公開它的排列方法，至唐朝丘延瀚風水祖師，寫下極機密的風水秘訣，稱為《國內天機書》，呈獻給唐玄宗皇帝。

至南唐末年（註一），楊筠松風水祖師與曾求己（**繼大師註**：曾求己為曾文辿之父親，父子兩人同拜楊筠松為風水師父。）楊筠松在軍中為紫金光祿大夫，是南唐正三品官員，主掌靈臺之事（註二），黃巢之亂時（註三），楊筠松風水祖師與曾求己同在軍中服役，於是乘亂入宮內偷取瓊林寶庫內由丘延瀚風水祖師所寫的《國內天機書》，內有《理氣心印》口訣，封面用玉函篆文所寫，後他們逃至江右。

繼大師註：江右即現時的江西贛州與國縣梅窖鎮三僚村。

風水始開始流傳於民間，在此之前，民間是禁止傳授風水的，原因是帝皇防止有人利用風水去奪取他的江山。

繼大師註一：南唐（937 年 – 975 年）是五代十國的十國之一，在金陵（南京）定都，歷時 39 年，有三位皇帝，分別是李昪、李璟和李煜。

繼大師註二：《後漢書志》第二十五 –〈百官二〉本注曰：掌天時、星歷。凡歲將終。奏新年歷。凡國祭祀、喪、娶之事。掌奏良日及時節禁忌。凡國有瑞應、災異。

掌記之。丞一人。明堂及靈台丞一人。二百石。本注曰：二丞。掌守明堂、靈台。靈台掌候日月星氣。皆屬太史。……「靈臺」者。皆掌顧問應對。無常事。唯詔令所使。凡諸國嗣之喪。則光祿大夫掌弔。

繼大師註三：黃巢之亂（公元 875 － 884 年）唐僖宗時代，由私鹽商人黃巢爲首的民間革命，是唐末民變中，歷時最長久，遍及最大，影響最深遠，禍延唐朝在關中所管轄的地區達十年之久，導致唐朝滅亡。

當時楊筠松風水祖師為紫光金祿大夫，主掌「靈臺」之事，對於國家的天象、日月星辰的變化，未來的氣運，良辰吉日及時節禁忌，凡是國家出現所有的瑞應、災異，皆記錄之，國家內所有國事、皇家的祭祀、喪、娶之事，負責擇日及禮儀的進行，全權負責處理這些事務。

自此之後，楊公在三僚村那裏著書立說，傳授風水秘訣給各門徒弟子，（相傳楊筠松、曾求己二公傳有《教風水學徒三十六問》手抄本公開在網上，但不知真假，讀者可查閱其資料。）其中弟子曾求己（字公安）著《青囊經》，後至宋朝吳景巒國師再將丘延瀚風水祖師著《理氣心印》口訣公開。

《青囊經》內容分為上、中、下三卷，〈上卷－化始〉，〈中卷－化機〉，〈下卷－化成〉。

《青囊經》〈上卷－化始〉節錄如下：

「天尊地卑。陽奇陰偶。一六共宗。二七同道。三八爲朋。四九爲友。五十同途。……天地定位。山澤通氣。雷風相薄。水火不相射。中五立極。制臨四方。背一面九。三七居旁。二八四六。……」

筆者繼大師認為《青囊經－上卷》全是易經中的理論，是〈河圖洛書〉中的道理而加以演繹，無非先後天卦之生成、陰陽合數之理，就是排列三元羅盤樣式的原則，全是理氣方位上的數據。

丘延瀚祖師著《理氣心印》的內容，亦是闡述〈河圖洛書〉之理，但他所說的，是應用在風水方面的範圍，比較《青囊經》〈上卷－化始〉的內容更為保守。至明末清初，蔣大鴻將《青囊經》、《青囊序》、《青囊奧語》、《天玉經》、《都天寶照經》合共五經，撰寫《地理辨正注》一書，內容亦未見有明顯地公開風水易卦道理，只用廿四山辨六十四卦。

據筆者繼大師研究所得，張心言風水祖師是首位公開易卦秘密的第一人，他將《**地理辨正注**》一書再疏解，書內〈卷一〉，加上「挨星卦圖、卦運圖、七星打劫卦圖、六十四卦方圓圖」等，書名改為《**地理辨正疏**》。

六十四卦圓圖，即是三元羅盤外盤六十四卦排例圖表，比起蔣氏的羅盤更加清晰透徹，蔣氏的羅盤較為隱秘，多重關卡，輾轉繁複地排列，令一般人難明，必須得師傳始能明白。自古以來，三元易卦羅盤，只作師徒個別傳授，從來不會公開它的排列組合，張心言風水祖師註疏《地理辨正疏》可以說是公開了三元六十四卦羅盤排列的秘密。

自此之後，三元六十四卦羅盤在坊間盛傳，現代有多間台灣公司出口的三元羅盤，其質素非常高，線度非常準確，天池池針亦非常精細，這些三元六十四卦的排列組合，現時已經不再是秘密了。

以筆者繼大師研究所得，其實丘延瀚祖師著《理氣心印》及《青囊經》〈上卷－化始〉的內容，就是三元六十四卦羅盤的內外盤排列之秘密，用《河圖洛書》的原理，用「無極生太極。太極生陰陽。陰陽生四象。四象生八卦。八卦配合八宮，於是乎產生了六十四卦。由乾卦開始，在羅盤正午位向左旋，口訣為：

「陽從左邊團團轉。」

至羅盤正子位止，然後再跳上羅盤正午位向右旋，口訣為：

「陰從右路轉相通。」

所有三元羅盤六十四卦排列組合之原則，是依照陽爻、陰爻的排列順序而產生三爻卦，即是：「乾、兌、離、震、巽、坎、艮、坤。」為六十四卦之上卦，再將此八卦排列組合次序成八宮，為六十四卦之下卦，於是乎排成六十四卦，分佈在三百六十度內，每一個六十四卦為5.625度。

羅盤正午位向左旋至正子位止，有三十二個卦，其六十四卦的排列次序為：

乾宮：「乾䷀、夬䷪、大有䷍、大壯䷡、小畜䷈、需䷄、大畜䷙、泰䷊。」

兌宮：「履䷉、兌䷹、睽䷥、歸妹䷵、中孚䷼、節䷻、損䷨、臨䷒。」

離宮：「同人䷌、革䷰、離䷝、豐䷶、家人䷤、既濟䷾、賁䷕、明夷䷣。」

震宮：「無妄䷘、隨䷐、噬嗑䷔、震䷲、益䷩、屯䷂、頤䷚、復䷗。」

然後再跳上羅盤正午位向右旋，至正子位止，有三十二個卦，其六十四卦的排列次序為：

巽宮：「姤䷫、大過䷛、鼎䷱、恒䷟、巽䷸、井䷯、蠱䷑、升䷭。」

坎宮：「訟䷅、困䷮、未濟䷿、解䷧、渙䷺、坎䷜、蒙䷃、師䷆。」

艮宮：「遯䷠、咸䷞、旅䷷、小過䷽、漸䷴、蹇䷦、艮䷳、謙䷎。」

坤宮：「否䷋、萃䷬、晉䷢、豫䷏、觀䷓、比䷇、剝䷖、坤䷁。」

此六十四卦排列組合依次序分配在一個圓週三百六十度內，每一個卦為5.625度，這種排列方式，全合乎自然法則，依宇宙萬物產生之原理而生，然後用這六十四卦去配合山川地勢，再配合大小三元元運而定出吉凶，就是三元羅盤排列的樣式。

每一個六十四卦分出六格，每格為一爻，共有六爻，六十四卦共有三百八十四爻，比起一個圓週三百六十度還要細密，平均每一爻為0.9375度，這些細微程度，比起任何一派風水理氣還要精細，筆者並不是賣花讚花香，而是以學術角度去分析，相信與否，則隨個人之緣份。

三元六十四卦羅盤，有着源遠流長的歷史，它的排列組合，有宇宙自然化生的法理，不過這因為是天機密碼，不易被人相信及認知。

筆者繼大師認為，因為三元羅盤要配合大小三元元運的時間才能決定吉凶，所以稱為「元空大卦」，又名「玄空大卦」，配合三元元運的時間運程，由易卦演算出風水地勢時運的吉凶，這就是它的道理。

由於三元元運時間分大小三元元運，無論是大或小三元元運，當中分為「上、中、下」三元元運，又分出「上、下」二元元運，其中有「三元九運」、「三元八運」、「二元八運」及「二元九運」之說，以風水的巒頭理氣配合元運，於是乎定出吉凶，配合六十四卦，推算未來之事，是非常細緻的風水學理。

在《地理辨正疏》《卷末》（武陵出版社出版，第 334 頁 – 335 頁）云：

「大元空六十四卦。三百八十四爻。每卦每爻各有取義。均可立向。及羅經一百二十分金。理已大謬。……用爻之法。以所用一爻為動爻。或取旺變旺。或取旺變衰。總要與龍山向水相配合及為合法。」

這證明古人用三元羅盤之三百八十四爻去立向，配合「來龍、坐山、向度、水口」，筆者繼大師認為這是非常細微的。三元羅盤的使用方法，因被視為極秘密的天機，故只作師徒入室個別傳授，不輕易公開，楊公在《都天寶照經》內說：**「筠松寶照真祕訣。父子雖親不肯說。若人得遇是前緣。天下橫行陸地仙。」**

當傳授時要行拜師禮，並要上表文，當天火化，祝禱後始傳授，如蔣大鴻地師傳授時一樣，守戒律，並不得輕洩妄傳，非忠孝廉節之士不傳，蔣氏將自己的手抄秘本，傳給他的徒弟時，並對他的徒弟言，無論學懂與不懂，在三年後必須要將手抄秘本焚毀，否則就是犯戒，一切因果自負。

因此三元羅盤的用法秘密，是密傳之法，祂是宇宙自然化生道理的秘密符號，會影響眾人之命運，故得傳者少，一切依個人之緣份而傳。

《本篇完》

（二十）蔣大鴻祖師設計之羅盤詳解

繼大師

明末清初在華亭（今上海市西南區張澤鎮）出了一位風水明師－蔣大鴻先生，他將歷代風水明家的五本經，分別是：《青囊經》、《青囊序》、《青囊奧語》、《天玉經》、《都天寶照經》合註，並作出辨証，書名《地理辨証注》，後由張心言地師作疏解，名為《地理辨証疏》，是三元元空風水地理理氣必讀的經典書籍。

蔣大鴻風水祖師在風水的宏揚上，作出很大的貢獻，將三元易卦地理闡揚，雖然如此，但蔣氏只是暗說，並非直接說出它的秘密。蔣氏常言道：「天機不可泄露。」

在偶然一個機會下，筆者繼大師在古籍中，由靜海－又元子，元祝垚（字暤農）於一九一八年著《玄空真解》內第七十五頁，有蔣大鴻羅盤圖，由蔣大鴻先師所監製，稱為「蔣盤」，並非「掌盤」也。如何鑒定它是蔣盤呢！筆者繼大師的理由是：

純粹是易卦的三元羅盤。與現今的三元羅盤不同，只有文字，沒有卦象出現，有天盤六十四卦、卦反、爻反、三百八十四爻、爻的順逆排法、每個卦的所屬父母卦說明、卦運、洛書數、九星數、廿四節氣、廿四山、九星符號、先天八大卦象等。一共有十四層之多，但並沒有地盤六十四卦的出現。

還有一樣理由，就是這款三元羅盤非常隱秘，是內行人始看得明白，它的設計，符合了蔣氏的理念——**「不得輕說妄傳」**，故可信性極高。

以**「最近羅盤中央的天池開始計起」**，為第一層，共有十四層。筆者繼大師現將此「蔣盤」解說如下：（羅盤圖紙見第一八四至一八五頁。）

第一層：先天八大宮位卦象。

「乾☰」宮——南方「丙、午、丁」。

「兌☱」宮——東南方「辰、巽、巳」。

「離☲」宮——東方「甲、卯、乙」。

「震☳」宮——東北方「丑、艮、寅」。

「巽☴」宮——西南方「未、坤、申」。

「坎☵」宮——西方「庚、酉、辛」。

「艮☶」宮——西北方「戌、乾、亥」。

「坤☷」宮——北方「壬、子、癸」。

以上均是先天八大卦宮之卦象，筆者繼大師發現它暗藏秘密，將先天卦宮放在後天宮位的位置上，符合蔣氏的「不得輕說妄傳」之說。

第二層：先天洛書數，以小圈表示，以「一、三、七、九」之數用白圈，屬陽。以「二、四、六、八」之數用黑圈，屬陰。

若以顏色表示先天洛書數，則「一白」、「二黑」、「三碧」、「四綠」、「六白」、「七赤」、「八白」、「九紫」。「五黃」居中，因沒有方位，所以沒有在羅盤內顯示。

蔣大鴻所監之製羅盤圖 — 陰儀

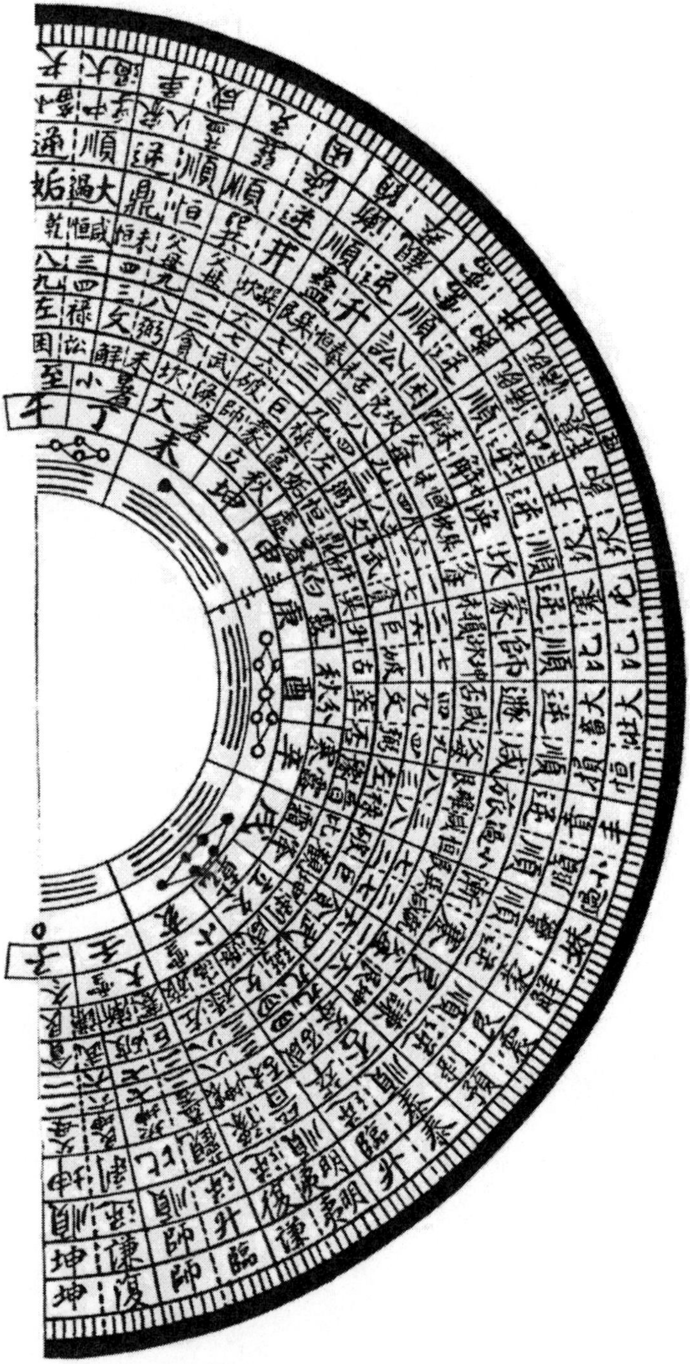

蔣大鴻所監之製羅盤圖 — 陽儀

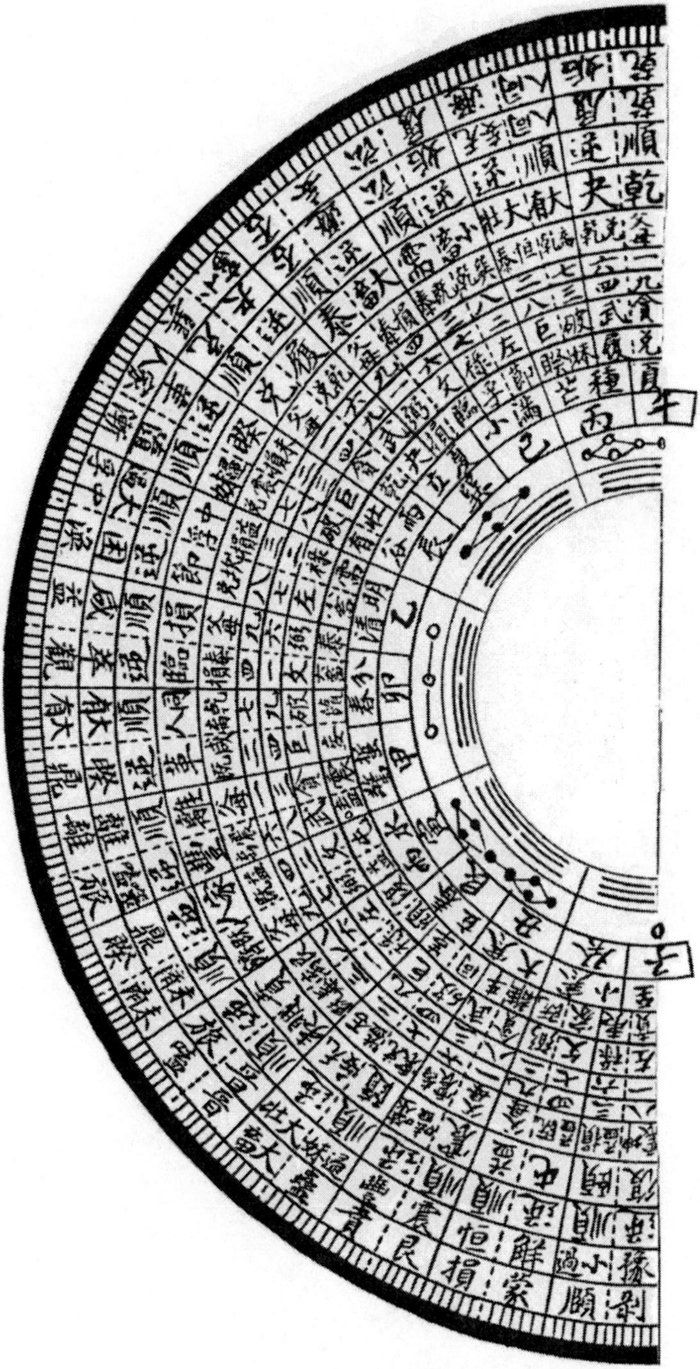

南方——「丙、午、丁」先天卦為「乾☰」屬「九」。

東南方—「辰、巽、巳」先天卦為「兌☱」屬「四」。

東方——「甲、卯、乙」先天卦為「離☲」屬「三」。

東北方—「丑、艮、寅」先天卦為「震☳」屬「八」。

西南方—「未、坤、申」先天卦為「巽☴」屬「二」。

西方——「庚、酉、辛」先天卦為「坎☵」屬「七」。

西北方—「戌、乾、亥」先天卦為「艮☶」屬「六」。

北方——「壬、子、癸」先天卦為「坤☷」屬「一」。

第三層：廿四山。

東方——「甲、卯、乙」。東南方——「辰、巽、巳」。

南方——「丙、午、丁」。西南方——「未、坤、申」。

西方——「庚、酉、辛」。東北方——「丑、艮、寅」。

北方——「壬、子、癸」。西北方——「戌、乾、亥」。

第四層：廿四節氣。若以「冬至」開始排列，配合廿四山，它的排列次序為：

子——冬至。　癸——小寒。　丑——大寒。　艮——立春。
寅——雨水。　甲——驚蟄。　卯——春分。　乙——清明。
辰——谷雨。　巽——立夏。　巳——小滿。　丙——芒種。
午——夏至。　丁——小暑。　未——大暑。　坤——立秋。
申——處暑。　庚——白露。　酉——秋分。　辛——寒露。
戌——霜降。　乾——立冬。　亥——小雪。　壬——大雪。

然後回到「子」——冬至。筆者繼大師發現其特點是：

四季的分界線在「艮、巽、坤、乾。」四隅卦位上，即是：

「艮——立春。　巽——立夏。　坤——立秋。　乾——立冬。」

四季的中間在「子、卯、午、酉。」四正卦位上，即是：

「子——冬至。　卯——春分。　午——夏至。　酉——秋分。」

第五層至第十四層中，據筆者繼大師得知，**所有層數以第十層爲中心，第十層爲天盤六十四卦的排列組合次序**，用作「立向、收山、出煞」等用途。第五層至第九層及第十一層至第十四層，均是依照第十層天盤六十四卦的排列組合而作解釋，並刻於該柱之層數上。**八宮之中，直柱線內，各有四條虛線，虛線表示第十層之左右兩卦，是共路生成夫婦卦，天卦生成，地卦相同是也。**

第五層之卦是第十層天盤六十四卦之生成夫婦卦。筆者繼大師解釋其原理是：**「天卦與天卦成生成之數，地卦與地卦成生成之數」**，就是**「生成夫婦卦」**。

以「午位」之第十層三元天盤六十四卦「乾卦䷀」開始左旋至「子位」之「地雷復卦䷗」，及又由「午位」之「天風姤卦䷫」開始右旋至「子位」之「坤卦䷁」止，所有層數的關係，都以第十層為中心。（見一九九頁蔣盤乾宮八卦圖。）

第五層與第十層「午位」「乾卦䷀」在同一柱內第五層所刻上「兌䷹」，是第十層天盤「乾卦䷀」之生成夫婦卦。

第六層為第十層之八卦配九星，分別是：「貪狼、巨門、祿存、文曲、武曲、破軍、左輔、右弼」，是指第十層內六十四卦之九星而言。

第七層與第十層天盤「乾卦☰」同一直柱格內第七層所刻上「九」，是指第十層天盤「乾卦☰」上三爻之洛書數。

第八層與第十層天盤「乾卦☰」同一直柱格內第八層所刻上「一」，是指第十層天盤「乾卦☰」是一運卦。

第九層是說明第十層主卦兩個所屬之「一、九」運父母卦，故刻上「父母」。

第十層為三元天盤六十四卦之中心主卦，配合上下二元零正二神，用以收山收水。

第十一層刻上順逆，如在與第十層天盤「乾卦☰」同一直柱格內所刻上「順」，表示乾卦卦爻是順排（逆時針方向排）。如夬卦是「逆」，則表示卦爻是逆排（順時針方向排）。

第十二層與第十層天盤「乾卦☰」同一直柱格內所刻上「乾」就是第十層天盤「乾卦☰」的「覆卦」（上下卦互調），同樣是「乾卦☰」。

第十三層與第十層天盤「乾卦☰」同一直柱格內所刻上「乾☰」，就是第十層天盤「乾卦☰」的「綜卦」（本卦倒轉看）亦是「乾卦☰」。

第十四層是最外之一層，為第十層天盤六十四卦中之六爻，共三百八十四爻，它並沒有刻上「初或上」，亦沒有說明卦爻的排列方向，必須兼看第十一層同一直柱格內所刻上之「順、逆」來提示。換句話說，第十四、十一、十各層同看。卦爻之順逆，當時視之極為秘密，符合蔣大鴻先師所說的：**「不可輕洩妄傳。」**

第五層與第十層之六爻卦，互為生成夫婦卦。筆者繼大師現解釋蔣盤「第五層」與「第十層」在同一直柱格內的關係如下：（見一九九頁蔣盤乾宮八卦圖。）

第五層與第十層天盤「乾」宮八卦

第五層「午兼丙位」之「兌卦䷹」是第十層天盤「乾卦䷀」之生成夫婦卦。

第五層「丙兼午位」之「天澤履卦䷉」是第十層天盤「澤天夬卦䷪」之生成夫婦卦。

第五層「丙位」之「雷澤歸妹卦䷵」是第十層天盤「火天大有卦䷍」之生成夫婦卦。

第五層「丙兼巳位」之「火澤睽卦䷥」是第十層天盤「雷天大壯卦䷡」之生成夫婦卦。

第五層「巳兼丙位」之「水澤節卦䷻」是第十層天盤「風天小畜卦䷈」之生成夫婦卦。

第五層「巳位」之「風澤中孚卦䷼」是第十層天盤「水天需卦䷄」之生成夫婦卦。

第五層「巳巽位」之「地澤臨卦䷒」是第十層天盤「山天大畜卦䷙」之生成夫婦卦。

第五層「巽位」之「山澤損卦䷨」是第十層天盤「地天泰卦䷊」之生成夫婦卦。

其餘七宮「兌、離、震、巽、坎、艮、坤」原理相同。

第六層與第十層的關係

第六層是第十層主卦在八大宮位中的九星名稱。筆者繼大師解釋如下：

第六層九星的原理，以每宮八個六爻卦來說，因為在同一個宮位，故地卦是不變的，以六爻卦的「上下卦相同」為一運貪狼。再以貪狼一運父母卦的天卦為主，依照貪狼卦的天卦而變化，得出其餘各九星之名稱。

九星之名稱以本卦所變化出來的卦象為名，以：坤☷一「貪狼」、巽☴二「巨門」、離☲三「祿存」、兌☱四「文曲」、艮☶六「武曲」、坎☵七「破軍」、震☳八「左輔」、乾☰九「右弼」。

（五居中宮爲「廉貞」，九星卦象之中，並沒有廉貞。元運中只有五運，在巒頭方面，廉貞爲火形星。）

首先，筆者繼大師解釋其變法原理是：

第一種，以每一個六爻卦由上卦及下卦比較下所組成，以「上卦」去比較「下卦」，一爻與四爻交通，二爻與五爻交通，三爻與六爻交通，交通之後，得出一個卦象，為「三爻卦卦象」，是決定六爻卦它本身的「卦運」。

第二種，就是以第十層每個宮位八個六爻卦，以貪狼卦為主卦，取貪狼卦之天卦去比較其他七個卦之天卦，以貪狼卦各上三爻爻神，去比較其他七個卦的上三爻爻神，得出的卦象，就是九星的名稱。這就是第六層所指的九星，宮宮如是。第一種與第二種雖然方法不同，但九星的名稱，其結果都是一樣。

第十層卦宮內的八個六爻卦的卦運九星，就是蔣盤中的第六層所刻出的九星名諱。六爻卦本身的卦運，以單卦的三爻卦的卦象來表達，即是：「**八卦只有一卦通。**」一為一卦（三爻卦）可以通八個卦（六爻卦）。另一個解釋，就是每運當中有一個當運卦，名「**天心正運**」卦。

原則上，三爻卦的卦象，即是卦運名稱，與九星之名稱相同。根據筆者繼大師所認知，它們的變法，分別是兩個系統，一個是六爻卦的上三爻與下三爻作比較而得出卦運，另一個是六爻卦的上三爻，與其他六爻卦同一宮內的上三爻作比較而得出九星星運，雖然方法不同，但結果都是一樣。近代三元羅盤，各宮九星之刻度，即此原理。

蔣盤的第六層（九星名）及第八層（九星數）均指出第十層天盤六十四卦的九星關係。九星以「貪一、巨二、祿三、文四、武六、破七、左八、弼九」為數。

第六層及第八層與第十層天盤六十四卦的九星關係

以第十層「乾宮☰」八個六爻卦為例，其第六層同格中的九星名諱，筆者繼大師分析如下：（見一九九頁蔣盤乾宮八卦圖。）

第六層（午兼丙山）刻上「貪」，第八層刻上「一」（一運卦），放在第十層「乾卦䷀」同一直柱內。「乾宮☰」以「乾卦䷀」貪狼卦為主。廿四山之「午兼丙山」為六爻卦「乾卦」一爻與四爻交通，不變為陰爻，二爻與五爻交通，不變為陰爻，三爻與六爻交通，不變為陰爻，以三爻卦的卦象為，三爻全是陰爻，故卦象為「坤卦☷」。

上下卦均是「乾☰九」，為「一運卦」是「貪狼」，「乾」刻在第十層，第六層在同一直柱格內刻上「貪」，第八層刻上「一」。

第六層（丙兼午山）刻上「武」，第八層刻上「六」（六運卦），放在第十層「澤天夬卦䷪」同一直柱格內。「乾宮☰」之「澤天夬卦䷪」，在廿四山之「丙兼午山」，是「乾卦䷀」變第六爻之子息卦，一爻與四爻交通，不變為陰爻，二爻與五爻交通，不變為陰爻，三爻與六爻交通，變為陽爻，以三爻卦的卦象為，初爻、二爻、是陰爻，三爻是陽爻，故卦象為「艮卦☶」。上卦「兌☱四」，下卦「乾☰九」，為「六運卦」，是「武曲」。

「夬」刻在第十層，故第六層在同一直柱格內刻上「武」。第八層刻上「六」。

第六層刻上（丙山）「破」，第八層刻上「七」（七運卦），放在第十層「火天大有卦䷍」同一直柱格內。「乾宮☰」之「火天大有卦䷍」，在廿四山之「丙山」，「乾卦䷀」父母卦變第五爻之子息卦。

一爻與四爻交通，不變為陰爻，二爻與五爻交通，變為陽爻，三爻與六爻交通，不變為陰爻，以三爻卦的卦象為，初爻、三爻是陰爻，二爻是陽爻，故卦象為「坎卦☵」。上卦「離☲三」，下卦「乾☰九」，為「七運卦」，是「破軍」。「大有」刻在第十層，故第六層在同一直柱格內刻上「破」。第八層刻上「七」。

第六層（丙兼巳山）刻上「巨」，第八層刻上「二」（二運卦），放在第十層「雷天大壯卦䷡」同一直柱內。「乾宮☰」之「雷天大壯卦䷡」，在「在廿四山之「丙兼巳山」，是「地天泰卦䷊」九運父母卦變第四爻的子息卦。

「雷天大壯卦䷡」，一爻與四爻交通，不變為陰爻，二爻與五爻交通，變為陽爻，三爻與六爻交通，變為陽爻，以三爻卦的卦象為，初爻是陰爻，二爻、三爻是陽爻，故卦象為「巽卦☴」。上卦「震☳八」，下卦「乾☰九」，為「二運卦」，是「巨門」。

「大壯」刻在第十層，故第六層在同一直柱格內刻上「巨」。第八層刻上「二」。

第六層（巳兼丙山）刻上「左」，第八層刻上「八」（八運卦），放在第十層「風天小畜卦䷈」同一直柱格內。「乾宮☰」之「風天小畜卦䷈」，在「在廿四山之「巳兼丙山」，是「乾卦䷀」一運父母卦變第四爻的子息卦。

「風天小畜卦䷈」一爻與四爻交通，變為陽爻，二爻與五爻交通，不變為陰爻，三爻與六爻交通，不變為陰爻，以三爻卦的卦象為，初爻是陽爻，二爻、三爻是陰爻，故卦象為「震卦☳」。上卦「巽☴二」，下卦「乾☰九」，為「八運卦」，是「左輔」。

「小畜」刻在第十層，故第六層在同一直柱格內刻上「左」。第八層刻上「八」。

第六層（巳兼巽山）刻上「祿」，第八層刻上「三」（三運卦），放在第十層「水天需卦䷄」同一直柱格內。「乾宮☰」之「水天需卦䷄」，在「在廿四山之「巳兼巽山」，是「地天泰卦䷊」九運父母卦變第五爻的子息卦。

「水天需卦䷄」一爻與四爻交通，變為陽爻，二爻與五爻交通，不變為陰爻，三爻與六爻交通，變為陽爻，以三爻卦的卦象為，初爻、三爻是陽爻，二爻是陰爻，故卦象為「離卦☲」。上卦「坎☵七」，下卦「乾☰九」，為「三運卦」，是「祿存」。

「需」刻在第十層，故第六層在同一直柱格內刻上「祿」。第八層刻上「三」。

第六層（巳、巽二山中間）刻上「文」，第八層刻上「四」（四運卦），放在第十層「山天大畜卦䷙」同一直柱格內。「乾宮☰」之「山天大畜卦䷙」，在廿四山之「巳、巽二山」中間，是「地天泰卦䷊」九運父母卦變上爻的子息卦。

「山天大畜卦䷙」一爻與四爻交通，變為陽爻，二爻與五爻交通，變為陽爻，三爻與六爻交通，不變為陰爻，以三爻卦的卦象為，初爻、二爻是陽爻，三爻是陰爻，故卦象為「兑卦☱」。上卦「艮☶六」，下卦「乾☰九」，為「四運卦」，是「文曲」。「大畜」刻在第十層，故第六層在同一直柱格內刻上「文」。第八層刻上「四」。

第六層（巽兼巳山）刻上「弼」，第八層刻上「九」（九運卦），放在第十層「地天泰卦䷊」同一直柱格內。「乾宮☰」之「地天泰卦䷊」，在廿四山之「巽兼巳山」，「地天泰卦䷊」是「乾䷀、坤䷁」六爻卦兩大父母卦交媾所生出的子息卦，本身亦是九運父母卦。

「地天泰卦䷊」，一爻與四爻交通，變為陽爻，二爻與五爻交通，變為陽爻，三爻與六爻交通，變為陽爻，以三爻卦的卦象為，初爻、二爻、三爻是陽爻，故卦象為「乾卦☰」。上卦「坤☷」，下卦「乾☰九」，為「九運卦」，是「右弼」。

「泰卦䷊」刻在第十層，故第六層在同一直柱格內刻上「弼」。第八層刻上「九」。

其餘七個宮位均如此類推。

在「兌宮☱」以「兌卦䷹」為貪狼。在「離宮☲」以「離卦䷝」為貪狼。在「震宮☳」以「震卦䷲」為貪狼。在「巽宮☴」以「巽卦䷸」為貪狼。在「坎宮☵」以「坎卦䷜」為貪狼。在「艮宮☶」以「艮卦䷳」為貪狼。在「坤宮☷」以「坤卦䷁」為貪狼，如此類推。

（附〈蔣盤乾宮八卦圖〉。）

蔣盤

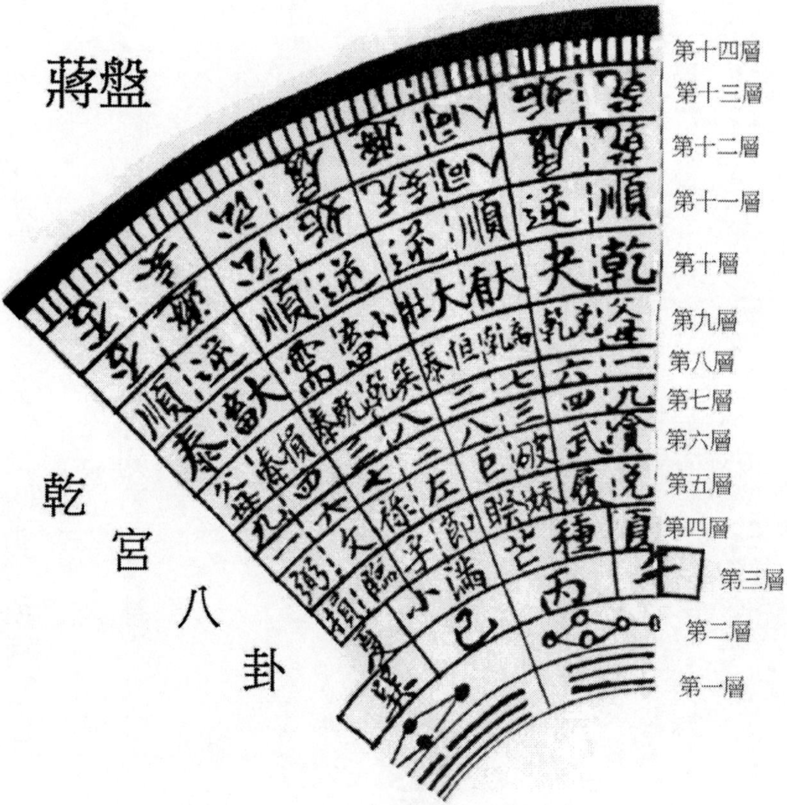

乾宮八卦

蔣大鴻祖師設計的羅盤

俗稱蔣盤，共第十四層。

上圖以乾宮為例

第七層是第十層主卦之先天洛書數，所有宮位的排列次序為「九、四、三、八、二、七、六、一。」每一個宮位的八個六爻卦，都是依此次序排列。「乾宮☰、兌宮☱、離宮☲、震宮☳」四宮位的排列由逆時針方向排去，為「**順排**」。「巽☴、坎☵、艮☶、坤☷」四宮位的排列依順時針方向排，為「**逆排**」。

筆者繼大師列之如下：

「乾宮☰」第十層主卦，配以第七層洛書數為：「乾䷀九、夬䷪四、大有䷍三、大壯䷡八、小畜䷈二、需䷄七、大畜䷙六、泰䷊一。」

「兌宮☱」第十層主卦，配以第七層洛書數為：「履䷉九、兌䷹四、睽䷥三、歸妹䷵八、中孚䷼二、節䷻七、損䷨六、臨䷒一。」

「離宮☲」第十層主卦，配以第七層洛書數為：「同人䷌九、革䷰四、離䷝三、豐䷶八、家人䷤二、既濟䷾七、賁䷕六、明夷䷣一。」

「震宮☳」第十層主卦，配以第七層洛書數為：「無妄䷘九、隨䷐四、噬嗑䷔三、震䷲八、益䷩二、屯䷂七、頤䷚六、復䷗一。」

然後再跳上羅盤「正午位」向右旋，至「正子位」止，有三十二個卦，其六爻卦的排列次序為：

「巽宮☴」第十層主卦，配以第七層洛書數為：「姤䷫九、大過䷛四、鼎䷱三、恒䷟八、巽䷸二、井䷯七、蠱䷑六、升䷭一。」

「坎宮☵」第十層主卦，配以第七層洛書數為：「訟䷅九、困䷮四、未濟䷿三、解䷧八、渙䷺二、坎䷜七、蒙䷃六、師䷆一。」

「艮宮☶」第十層主卦，配以第七層洛書數為：「遯䷠九、咸䷞四、旅䷷三、小過䷽八、漸䷴二、蹇䷦七、艮䷳六、謙䷎一。」

「坤宮☷」第十層主卦，配以第七層洛書數為：「否䷋九、萃䷬四、晉䷢三、豫䷏八、觀䷓二、比䷇七、剝䷖六、坤䷁一。」

第九層是說出第十層主卦之所屬的兩個父母卦，故第九層每一直柱格內刻上兩個父母卦。除了本身是父母卦在第九層刻上「父母」之外。總共有十六個大父母卦，分別為一運父母卦：「乾䷀、兌䷹、離䷝、震䷲、巽䷸、坎䷜、艮䷳、坤䷁。」及九運父母卦：「否䷋、泰䷊、恒䷟、益䷩、既濟䷾、未濟䷿、損䷨、咸䷞。」

筆者繼大師現分析蔣盤乾宮☰第九層如下：（見一九九頁蔣盤乾宮八卦圖。）

如「乾宮☰」第一個卦，以「乾卦䷀」為一運貪狼父母卦。又以乾宮第八個卦「地天泰卦䷊」為九運父母卦。在排列次序上，「乾卦䷀」排在第一位，「地天泰卦䷊」排在最後一位，一頭一尾，故這兩卦在羅盤同一直柱格內的第九層刻上「父母」。

「乾宮☰」第二個卦為「澤天夬卦䷪」為「乾卦䷀」變第六爻的子息卦，同時又是兌卦䷹變第三爻的子息卦。故這第十層「夬卦䷪」在羅盤同一直柱格內的第九層刻上「兌、乾」。

「乾宮☰」第三個卦為「火天大有卦䷍」為「乾卦䷀」變第五爻的子息卦，同時又是離卦䷝變第二爻的子息卦。故這第十層「火天大有卦䷍」在羅盤同一直柱格內的第九層刻上「離、乾」。

「乾宮☰」第四個卦為「雷天大壯卦䷡」為「地天泰卦䷊」變第四爻的子息卦，同時又是「雷風恒䷟」九運父母卦變第一爻的子息卦。故第十層「雷天大壯卦䷡」在羅盤同一直柱格內的第九層刻上「恒、泰」。

「乾宮☰」第五個卦為「風天小畜卦䷈」為「乾卦䷀」變第四爻的子息卦，同時又是「巽䷸」一運父母卦變第一爻的子息卦。故這第十層「風天小畜卦䷈」在羅盤同一直柱格內的第九層刻上「巽、乾」。

「乾宮☰」第六個卦為「水天需卦䷄」為「地天泰卦䷊」變第五爻的子息卦，同時又是「水火既濟䷾」九運父母卦變第二爻的子息卦。故這第十層「水天需卦䷄」在羅盤同一直柱格內的第九層刻上「既、泰」。

「乾宮☰」第七個卦為「山天大畜卦䷙」為「地天泰卦䷊」變第六爻的子息卦，同時又是「山澤損䷨」九運父母卦變第三爻的子息卦。故第十層「山天大畜卦䷙」在羅盤同一直柱格內的第九層刻上「損、泰」。

「乾宮☰」第八個卦為「地天泰卦䷊」為「坤☷、乾☰」兩個六爻卦的九運父母卦所交媾而生出的子息卦。故這第十層「泰卦䷊」在羅盤同一直柱格內的第九層刻上「父母」。

其餘各七個大宮位內的八個六爻卦，在同一直柱格內的第九層內，其父母卦名，均依照這種原理所產生而刻上的。

蔣盤**第十一層**是第十層主卦之卦爻順逆排法指引，「順」即順排，卦爻為逆時針方向排。「逆」即逆排，卦爻為順時針方向排。筆者繼大師解釋如下：

逢「一、三、七、九」運，屬陽，卦爻順排，爲逆時針方向排列。

逢「二、四、六、八」運，屬陰，卦爻逆排，爲順時針方向排列。

第十二層是第十層主卦之「覆卦」，即上下卦對調。筆者繼大師現以「乾宮☰」為例，解釋如下：（見一九九頁蔣盤乾宮八卦圖。）

「乾宮☰」第十層第一卦「乾卦䷀」，覆卦後亦是「乾卦䷀」，（覆卦是上下卦互調。）是「乾宮」內的「不動卦」，故第十二層及第十層的同一直柱格內刻上「乾」。

「乾宮☰」第十層第二卦「澤天夬卦䷪」，覆卦後為「天澤履卦䷉」，（覆卦是上下卦互調。）故在第十層「夬」同一直柱格內的第十二層刻上「履」。

「乾宮☰」第十層第三卦「火天大有卦䷍」，覆卦後為「天火同人卦䷌」，（覆卦是上下卦互調。）故在第十層「大有」同一直柱格內的第十二層刻上「同人」。

「乾宮☰」第十層第四卦「雷天大壯卦䷡」，覆卦後為「天雷無妄卦䷘」，（覆卦是上下卦互調。）故在第十層「大壯」同一直柱格內的第十二層刻上「無妄」。

「乾宮☰」第十層第五卦「風天小畜卦䷈」，覆卦後為「天風姤卦䷫」，（覆卦是上下卦互調。）故在第十層「小畜」同一直柱格內的第十二層刻上「姤」。

「乾宮☰」第十層第六卦「水天需卦䷄」，覆卦後為「天水訟卦䷅」，（覆卦是上下卦互調。）故在第十層「需」同一直柱格內的第十二層刻上「訟」。

「乾宮☰」第十層第七卦「山天大畜卦䷙」，覆卦後為「天山遯卦䷠」，（覆卦是上下卦互調。）故在第十層「大畜」同一直柱格內的第十二層刻上「遯」。

「乾宮☰」第十層第八卦「地天泰卦䷊」，覆卦後為「天地否卦䷋」，（覆卦是上下卦互調。）故在第十層「泰」同一直柱格內的第十二層刻上「否」。

其餘各七大宮位內的八個六爻卦，依此原理而推求。

第十三層之分析

第十三層是第十層主卦之「綜卦」，即倒轉看。筆者繼大師以「乾宮☰」八個六爻卦為例，解釋如下：（見一九九頁蔣盤乾宮八卦圖。）

「乾宮☰」第十層第一卦「乾卦䷀」，綜卦後亦是「乾卦䷀」，（綜卦是體卦倒轉看。）是「乾宮」內的「不動卦」，故第十三層及第十層的同一直柱格內刻上「乾」。

「乾宮☰」第十層第二卦「澤天夬卦䷪」，綜卦之後是「天風姤卦䷫」，（綜卦是體卦倒轉看。）故在第十層「夬」同一直柱格內的第十三層刻上「姤」。

「乾宮☰」第十層第三卦「火天大有卦䷍」，綜卦之後是「天火同人卦䷌」，（綜卦是體卦倒轉看。）故在第十層「大有」同一直柱格內的第十三層刻上「同人」。

「乾宮☰」第十層第四卦「雷天大壯卦䷡」，綜卦之後是「天山遯卦䷠」，（綜卦是體卦倒轉看。）故在第十層「大壯」同一直柱格內的第十三層刻上「遯」。

「乾宮☰」第十層第五卦「風天小畜卦䷈」，綜卦之後是「天澤履卦䷉」，（綜卦是體卦倒轉看。）故在第十層「小畜」同一直柱格內的第十三層刻上「履」。

「乾宮☰」第十層第六卦「水天需卦䷄」，綜卦之後是「天水訟卦䷅」，（綜卦是體卦倒轉看。）故在第十層「需」同一直柱格內的第十三層刻上「訟」。

「乾宮☰」第十層第七卦「山天大畜卦䷙」，綜卦之後是「天雷無妄卦䷘」，（綜卦是體卦倒轉看。）故在第十層「大畜」同一直柱格內的第十三層刻上「無妄」。

「乾宮☰」第十層第八卦「地天泰卦䷊」，綜卦之後是「天地否卦䷋」，（綜卦是體卦倒轉看。）故在第十層「泰」同一直柱格內的第十二層刻上「否」。

其餘各七大宮位均依此原理推排。

第十二層及第十三層之分析

第十二層與第十三層在「乾宮☰」或是其他宮位內，依照第十層為主卦，第十二層「覆卦」與第十三層「綜卦」，在卦理變化上，有些卦是相同的。

筆者繼大師以「乾宮☰」為例，分析如下：（見一九九頁蔣盤乾宮八卦圖。）

第十二層及第十三層在乾宮相同的卦有：

第十層「乾䷀」－第十二層覆卦－「乾䷀」，第十三層綜卦－「乾䷀」。

第十層「大有䷍」－第十二層覆卦－「同人䷌」，第十三層綜卦－「同人䷌」。

第十層「需䷄」－第十二層覆卦－「訟䷅」，第十三層綜卦－「訟䷅」。

第十層「泰䷊」－第十二層覆卦－「否䷋」，第十三層綜卦－「否䷋」。

第十四層之分析

第十四層是六十四卦內每一個六爻卦分出六格，每一格為一爻，共三百八十四爻，用於立向分金，其細微程度，比起一個圓週之三百六十度還要精細。（見一九九頁蔣盤乾宮八卦圖。）

由於在量度上的準確性問題，尤其是在陰墳的安碑立向上，每一卦內的爻度均要非常準確，所以在羅盤的設計上，筆者繼大師認為最好的設計，就是將三百八十四爻放在最外一層，提高安碑立向的準確性。

蔣盤的設計，是一個比較濃縮具精細而隱秘的編訂，整個羅盤，以第十層為用，為天盤六十四卦的排列，加上最外一層的第十四層編排為卦爻，以作立向。雖然蔣盤設計繁複，但從蔣盤之中，可以知道內裡卦理所產生的法則原理，是有跡可尋。

現代的三元羅盤，其設計已經是比較完善，連爻度的變爻位置，都加上紅點，表示正確之數，雖然還有些少瑕疵，但還可接受。在古代，抽爻換象被視為一個大秘密，不能顯露出來。但遺憾的是，有些三元羅盤，在卦爻的編排上，放在池針與羅盤銅板外邊之間，約在距離池針三份之二的地方，即距離銅板外邊三份之一，這種設計，不容易量度清楚準確的卦爻向度。

例如，一個一呎二吋的大羅盤，其卦爻編排在距離池針約八吋地方，而另一個八吋六的羅盤，其卦爻編排在銅板的最外邊位。

筆者繼大師發覺兩個羅盤直徑，大小相差六吋半，但在卦爻的編排上，距離池針的位置，其直徑幾乎大小一樣。這樣的設計，失去了大羅盤的意義。原則上，羅盤圓週直徑愈大，卦爻排在最外邊位，則量度向度的準確性愈大，這是筆者繼大師經驗之談，在選擇羅盤上，讀者切宜留意。

《本篇完》

（二十一）張心言著之《形理總論》詳解　繼大師白話意譯及註解

在《地理辨正疏》卷末〈叢説〉，張心言地師寫了一篇《形理總論》，內容非常精闢，昔日學習風水期間，呂氏常有提及這些巒頭與理氣的道理，且在其中筆記紙內題上此段文章的卷首部份，作為提示。筆者繼大師現將其內容，意譯如下：

不懂得山川形勢（巒頭）者，不可以講理氣，不懂得理氣者，不可以說巒頭。精於山川形勢者，到最高段功夫時，自然合於理氣，精於理氣者，到最高境界時，自然與巒頭功夫吻合。巒頭之外無理氣，理氣之外無巒頭。

山川形勢，並非只是對「龍、穴、砂、水」有粗略的認知，多觀察地勢之高低，水流之聚散，砂脈之向背，真脈龍氣之厚薄，由一、二里至十、廿里之間，然後細察穴情，分別其真僞，或堂局寬闊，砂水在遠方來應，穴位挨左挨右，分寸不移。一脈非只結一穴，雖然得地氣，但有深淺之別，其吉凶效應是一樣的，或堂局緊聚，砂水近應，點穴定位，左右位置，寸步難移。

一地只容一穴，或有取臨近邊位，或取於角位，不覺得奇特而使用之，古來名墓，多立於堂局正向，整整齊齊者十之八九，飛邊釣角出，立向歪斜者僅有一二，此道理不可不知，總要平時高瞻遠矚，捨棄諸家僞法，某廿四山吉，某廿四山凶等說法，專從山川形勢上，求其天然之穴地，天然的穴向，蔣氏所謂：**「但應論其是否穴地。不應論其向度屬於何卦、何干支。」**

真龍真穴自然沒有出現兩宮雜亂之龍及水，此是巒頭配合理氣之說法，古人爲人卜葬，或判斷初年鼎盛，或斷遲或更遲久之尅應，他們沒有不知道三元易經之道理，真龍穴所尅應之快慢不論，惟適逢龍、水正值廿年煞運之時，雖然形勢是吉祥之地，必有災禍應驗，當知但憑良好的地形山勢，謹可以避開凶事而已。

若是不深求巒頭，又被使用十二長生之僞水法所纏擾，使對穴地之真假不能辨別，更何況論穴地之大小輕重，即使偶然尋得穴地，怎樣能夠恰到好處地扦穴造墳而造得正確無誤呢！

經曰：「地吉葬凶。與棄屍同。」正是此理，理氣並非只是六十四卦、八盤（八個宮位）、九運，必須取決於卦之反（覆卦）、對（錯卦），爻之反對（綜卦），有取卦之老少陰陽（乾坤、震巽、坎離、艮兑等合十對宮之關係。）之分別，亦有取四正（東、南、西、北）之卦，四隅之卦（東南、西南、東北、西北），宮位不雜，局內龍脈與流水皆接近，不能左右挨加。

（**繼大師註**：「龍與坐山」及「向與水口」要不出卦，為之「宮位不雜」，因為穴被形勢及方向所限制，所以立向不能偏離。）

下穴有一定之理，一地只收一運之龍，假如在平洋龍結地之堂局內，龍近水遠，水近龍遠，穴之立向則要仔細決定，挨左或右，遠方水口之卦不變，近方之卦可以作微調移動，臨時有權宜之用法，一穴之立向，可兼收兩運之龍。

有些穴因為前人葬下得凶事而遷葬他方，而後來之人葬下反獲吉慶之效，雖然是同一向度，但煞運已過，而旺運來臨，或遷改而洩氣，使增加凶險，若能守住墳穴而不改變其向度，等待旺運當臨而獲福，這皆是元運之作用也，宜在平時熟習卦理，多方面覆核家宅墳墓向度，知其時運而審其吉凶，專從理氣上推尋，何爲會「得運、得令、逢煞運」等。

蔣氏所謂：「卦氣之死絕。地氣之大死絕也。卦氣之生旺。地氣之大生旺也。」

（**繼大師註**：這証明在平洋龍穴，多以卦理主導吉凶，其來去水之方位、穴之向度，其配合非常重要，吉凶關鍵所在。）

一卦收龍，其餘多個卦收水，盡皆合於卦理元運，若勘察類似相同之穴地便可得知，亦必須逐節水流推論，水龍之起處，水流之來源，立穴向以消外水口之煞，必須是真龍正結才能讓兩條流水匯合及連去水成三叉水流，分毫不爽，盡皆合卦理元運，若分枝的水流脈旁結有砂物，這怎可能會有這種情況呢！此是「理氣見巒頭」之說。

若以貼近兩水邊之沙灘（水浜 — 濱），一水一山拉扯合運，或值二十年得運當今之時，頗有近功小效，然而於將來之運，實難以補救。傳曰：**「蓄之無門。止之無術。」**

（**繼大師註**：指沒有方法蓄氣及止氣。）**正是此種情況。這本書所論之形勢，重點在於龍穴而應驗於水神，**（**繼大師註**：水流之方位及方向，全在於卦理上之應驗。）

其曰：「先看金龍動不動。天下軍州總住空。」

（**繼大師註**：「先看金龍動不動。」出自於《青囊序》《地理辨正疏》武陵出版社出版，內第 98 頁。「天下軍州總住空。」出自於《都天寶照經》上篇及中篇。《地理辨正疏》武陵出版社出版，內第 202 頁及 223 頁）

這是指縣府城池，水流流動之大小而言，龍不能自動，必得水流之衝激、繞抱，有空處而後有動處。

（**繼大師註**：兩水相交後屈曲而去，兩水相交之中間地方，始有地氣止聚。又兩水屈曲而去，其中間之地方，始有地氣流經。所以「**先看金龍動不動。**」就是要知道地脈是否真正的行龍，地氣是否行經此地。）

其來源或四十、五十里而開始，水流一屈曲，水去約十里至二十里的範圍為一折，其中停蓄之水屈曲抱城。（繼大師註：有情的順弓水。）

流轉城市區內，又有小水流引入而朝於城市中心堂局之前或之後，或左或右等，則城市興旺多年，煙火萬家，鍾靈毓秀，無非空動處也。（繼大師註：平洋龍以水流為靠。）

既然水流之來源極遠大，中間地方多有水流橫截界斷，斷處以為是界斷龍脈，殊不知水流深闊，龍氣必然深厚，小河小港的橫過，怎能夠讓龍氣斷掉呢！但看水從何處來，即是龍從何處到，更何懼怕拘泥於穿河渡水，剝換過峽呢！

其流水之動力大者則產生大作用，有云：**「立穴動靜中間求。下砂收鎖穴天然。」**是指結鄉村、墓宅動力較小之水流而言，行龍的確有變動之處，必須得下關砂把龍氣橫攔，逆抱有關鎖之處，而後便有變動之處，若然不是軍州大地，不用砂關鎖也發福悠久。

（繼大師註：「軍州」指國家首都城市。）

「水口相交不用砂」。（**繼大師註**：出自楊筠松祖師著**《都天寶照經》「二水相交不用砂。只要石如麻。更看峽石高山鎖，密密來包裹。此是軍州大地形。……」**）

全圩之內，（**繼大師註**：「圩」指的是中國江淮低窪地區周圍防水的堤。）**只看其港水、濱水，**（水邊之沙灘）**一曲一折，一闊一狹，一般所謂「穿田過峽」。**

（**繼大師註**：兩座大山群，相隔一段距離，中間是一大片平地，或是種田之地，兩山之間的地脈，從略高出的平地上經過，為之「穿田過峽」。）

高低尺寸，收來拱來，魚鱗疊浪。

（**繼大師註**：平地像魚鱗般的浪一樣，不易察覺，這必須勘察出整個平地地勢的高低，始能清楚知道地脈之走勢。）

不必枝節求之，而自能瞭如指掌。特以軍州（首都城市）**互相比較其力量之大小，流水的動力小為「小用」則結小村落，而去水方的下關砂用於消水。**

（繼大師註：「下關砂」在平洋龍來說，為去水方出現略高出之平地，或出現石塊、小丘等，阻擋着水流直流去遠方，使水流屈曲而去。「消水」者，為穴前可見的地方，水流從一缺口流出，或是水流流出之位置，在穴之方位上是煞方，水出煞位，則旺氣入穴，主丁財兩旺。）

一邊既重下砂，則來水去水必有一定的空間距離。姜氏謂：「向上之水不論去來。」大至上說來水去水均要合卦，均宜就旺。

（繼大師註：水出煞位為旺。）

不得以去水而忽略之，卽「龍要合向」，「向要合水」之理也，「向上」指墳碑穴向之左右方範圍。

（繼大師註：此指先天宮位水法。）

非謂只對去水而言，這去水不是不可以向，必須去水短闊，下關砂兜抱使生氣凝聚，方爲合法。

姜氏不兼下關砂而立論，終有語病，無怪近世時師，不問下關砂如何，竟然有整個墳穴正對去水而立向，坊間俗學以「坐空朝滿」去解釋「撐頂後龍」的道理，令人迷惑。

世間有立穴在沿岸邊蘸水之處，（繼大師註：蘸音 Zaam 平聲「湛」水，指泥醬的水邊）這有誤解爲「水來即是龍到」，如「收坤水便是收坤龍」，「收壬水便是收壬龍」，更有誤解爲「江南龍來江北望」，「收坤水便是收艮龍」，「收壬水便是收丙龍」。

這是前人專就平洋水法，指明看地的捷徑，而後人反因捷徑而走入迷途，種種僻見，自誤誤人，豈不畏懼。本書之論理氣，重點在於配合巒頭形勢，附帶說出衰旺，其曰：

「知其衰旺生與死。但逢死氣皆無取。」

得運爲旺，失運爲衰。

（繼大師註：「得運」即是得「當元之運」，如上元「一、二、三、四」運的時候，造上「一、二、三、四運」的卦向，下元「六、七、八、九運」的時候，造上六、七、八、九運的卦向。

「得時令」者，如六運造六運卦，七運造七運卦，這為之「當元、當令」旺運。

「衰運」者即是下元「六、七、八、九運」的時候，造上「一、二、三、四運」的卦向，又或者是「一、二、三、四運」的時候，造上「六、七、八、九運」的卦向，用卦須配合零神、正神及巒頭山水。）

而兼得「時令」者為生，失運而又與「時令」相反者為死，生旺固然可以使用，而衰運者亦尚可取，但不能驟期吉效。

（**繼大師註**：「衰運者」如下元六運的時候，造上元二運的卦向，直至八運的時候，二運卦向就是當元煞向，八運卦收當元八運旺向，但在六運及七運的時候，八運的煞運未到，故說「衰運者亦尚可取」。）

故曰：「生旺有吉。休囚否也。」若「死氣」（繼大師註：死氣指當元煞向之運。），則一無可取，上文之「生、旺、衰、死」，並提而下，文章內所說的「無取」，則單指「死氣」不兼「衰」論，從這裏可以明白其中含意也。

其曰：「生、尅、制、化」必須熟記，配合「生生妙處」尋龍，以生為生。

（繼大師註：「生」者，指雖然不是當元旺運，但屬於同一元，上元或是下元之卦運，卦氣與前面水流，生入尅出，此為之巒頭配合理氣，須得明師親傳。）

水以尅為生，龍不當旺而水合運，則以水制之。

（繼大師註：來龍與立向，加上水法，配合元運，定能發福。）

水不合運而龍當旺，則以龍化之。

（繼大師註：龍當旺而水不合運，則先凶後吉，因為穴前收煞水之故，故先應凶煞，後行至來龍當旺之運而應吉。）

然而並非勉強生剋而制化之，必須由卦理自然地配合。所謂：「生生妙處」也。
卷中諸法都俱備了，一無遺漏，引述而申明之，觸類旁通，地理之學，能完成了，而少部份人，或說此是風水之理氣書，不知道推塑其原頭，便是父母之卦理。

「真理氣」即是「真巒頭」，凡山地幹龍，平洋幹水，都屬父母卦，故來源無須取其屈曲之水，去水口不用下關砂，是「形勝」而兼以「勢勝」者。

（繼大師註：幹龍幹水，其來龍去脈，來水去水，所結之大地，大部份是父母卦運，巒頭理氣，自然相配。）

固無論已，即以支水所結的小地，你們看看，古人不是說：「貪外局而脫內局。倚傍別家門戶。」有內局而無外局，依稀小就規模，而倒排則內外兼收。

（繼大師註：倒排者，即是來龍之運及碑向之運，皆是當元旺運。）

其來水「之、玄」，去水之「曲折」，上下砂之左抱右抱。

（繼大師註：這皆是平洋龍之自然生成的上佳巒頭。）

試將父母卦生子息卦，產生順逆的四十八局，按卦理推出卦圖，何等的理氣，就配合何等的巒頭，自當了悟，因爲蔣子恐怕三合家之理氣，亂了真正的三元理氣，所以作《地理辨正疏》，而不知近時之患，即在三元的僞法，亂了真道，余（指張心言）故作疏解也。

若是沒有蔣子（蔣大鴻先師）守著真正三元卦理的祕密，一般人得之，則不以爲寶貴也，若無僕（指張心言地師）一番反覆推詳疏解作《地理辨正疏》給予後人認知，那麼他們只是仰慕，但不能明白，雖然是書之內容有顯有隱，但這並非是偶然之事，你說是不是呢！

《形理總論》完

（廿二）《形理總論》主旨

繼大師

筆者繼大師將此篇《形理總論》，說出其主旨如下：

（一）巒頭配合理氣，天生自然，立向不能扭歪，偏離正向。

（二）審地勢、水流、向背及龍氣之厚薄，細察穴情、堂局、砂水、龍虎及朝應等，綜合各方面來定出「的穴」之位置，左右分寸不移，這是巒頭上的功夫。

（三）在立向方面，要自然，正向堂局，整整齊齊，不要歪斜，真龍真穴，自然合局，龍水自能互相配合。

（四）造葬之理，一穴自有它的元運，近水及遠水的水口，與元運有關，都是決定立向的因素，此為之「出煞」，煞水出，則旺氣入穴。

（五）卦之「錯、綜、互、變」要熟悉，「龍、山」及「向、水」配卦要不出卦，使「宮位不雜」，穴被形勢方位所限，立向不能偏離，卦理合於元運。

（六）要明白所有卦理的用法，其「生、旺、衰、死」的關係，配合去水短濶，有下關砂兜抱，生氣能凝聚，方為合法。有屈曲之水作去水口，可不用下關砂，任何情況，均能熟習而掌握。

（七）明白父母卦生子息卦的順逆四十八局關係，能配合卦理及巒頭使用之，何等理氣，配合何等巒頭，「真理氣」配合「真巒頭」，始為之真理也。

最後，張氏擔心偽三元卦法會擾亂真正的三元學理，故疏解《地理辨正疏》。事實上，一個人不可能無師而自通的，近代風水名宿孔氏，縱使行遍天下，蒐集各種三元秘本達二百多本，用心鑽研，若無真正傳承的明師傳授，真訣是不可能得知的。

孔氏曾批評張氏誤解蔣子的三元學理，這必須先要瞭解其個人在追求三元學問上的背景及情況，不可輕率批評先賢，看來，只得口訣秘本，沒有得真傳，巒頭不能配合理氣，這也是枉然。

《本篇完》

（廿三）《地理辨正疏》張南珍攷語　　繼大師白話意譯

在《地理辨正疏》〈卷末〉（武陵版第 325 － 326 頁）附錄有疏解者張心言地師之姪兒張南珍先生（字雨香）於道光七年（公元 1827 年）丁亥春著有〈攷語〉，即是該書的後記，筆者繼大師將原文用白話意譯如下：

「衆所周知，風水地理之學與易經之道理是相通的，究竟是如何相通呢！易經之道理，一般人是很少能夠知道，有智慧之人得到這種知識而並不在乎。他們若以風水地理之書出示於人，則其說法隱祕。

學習風水地理之人得到這種知識，又不肯傾心公開傳示，只是隱祕地說。然而風水地理知識不會消失於人間。

我（張南珍）的叔父綺石（張心言地師）精於易理卦象，旁通風水地理學問，又曾私人跟隨蔣氏之門人學習易卦，凡屬隱祕及細微的河洛理數的易象，皆由於學習風水地理而得知。叔（張心言地師）本是讀書人，不想以風水之術而炫耀於世，但因爲擔心三元風水之理氣學術有很多僞法，這些虛假的學問均假託於蔣大鴻先生。雖蔣先生有濟世心腸，但恐怕後人用此僞法欺騙世人。

不得而已，故在《地理辨正》一書的首頁裏，添加卦圖，以補充卦理口訣，並逐一疏解註譯，闡發前人失落了的三元理氣知識，給予未來學習者之途徑，《地理辨正疏》一書寫成之後。本人謂：這本書不獨爲堪輿學之準繩，實乃讀書人應有的行業。

按照其法則，循着易象卦圖，使學者得到良好的方法，能夠找尋到親人的風水吉地，得到尋穴覓地之方法，研究易學卦象的義理，及研習此經之人，因而得到宅的幫助，不單只可以緊隨蔣大鴻先生的脚步，甚至能夠追蹤着楊筠松及曾文辿等風水祖師的學理。因此本人極力慫恿叔父（張心言）盡快出版此書。我的瘋狂程度如此。

丁亥春日姪南珍兩香氏謹跋

(廿四)〈辨偽總論〉蔣大鴻著

原文意譯:地理書中,有很多僞書,尤其是署名劉秉忠著的《平砂玉尺經》,爲什麼這樣說呢!我們以嚴謹的態度去看此經,爲什麼其他經不說,唯獨稱此經是僞經呢!究竟有何居心!正因爲世人皆認爲此經是真經,所以不能不去分辨它。

現今(明末清初)之五術學家,以爲《平砂玉尺經》是風水學中的金科玉律,如古人之蕭何去定出漢朝的法律一樣。因爲有此書之出現,它的內容不是風水地理之正道,術士以此書來糊口,他們的客人非常相信此家學說。

父教子,師傳徒,如果能識此門派的風水學問,卽可稱自己爲風水堪輿家,被客人大排筵席視爲上賓對待,用這門風水學問來控制客人及其家人的禍福,以此作爲權柄,時常受客人飲酒吃飯及金錢上的供養,以此行走江湖,認爲以此珍貴風水書內的知識作爲生財工具。

譬如農民翻耕土地，用刀斧之工具，作爲謀生之計，可以操控而得，可謂想要朝早插秧，傍晚就可收成，持着羅盤就可以給人家看風水，那知是爲害世間，如此殘忍，明知給人們帶來災禍而不辨明是非，人心真的不古。

此《平砂玉尺經》一書來由已久，那你又如何知道此書是假的呢！因此我們要去分辨，我亦以道理去作出分析。你我同一道理，又怎知我之理是，人之理不是呢！我受惠於先賢聖哲，以黃石公所傳之《青烏經》楊筠松及幕講師之風水秘要爲主，本人認爲這就是正道。若得風水之真道，則有明確見地，自然知道誰是誰非。

古今以來，所謂地理之書，本人全部閱讀完畢，凡風水書之內容合于秘要者爲真，不合秘要者爲假，尤其是這本《平砂玉尺經》一書，有很多地方不合乎古人明師之理，本人既得先賢之風水秘要，又經歷考察吳郡、吳興郡、會稽郡（三吳）、兩浙。遠之齊、魯、豫、章、八閩等城市。

（**繼大師註**：「三吳兩浙」即現今的蘇州、常州、潤州、杭州、湖州、秀州、越州、明州、台州、婺州、衢州、睦州、嚴州、温州和處州。其範圍包括今天的浙江省全境，江蘇省的鎮江市，蘇錫常地區和上海市、福建省閩東等地區。

「齊、魯」即現在今之山東，北部地區大部分屬於齊國，南部城市大部分屬於魯國，山東省的簡稱是魯。「豫、章」指豫章郡，現今之江西，隋唐時改豫章郡為洪州，明清時又改為南昌府，現今之江西省首府南昌。

八閩之地，「閩」即是現今之福建省，元代，福建分為八路：「福州路，興化路，泉州路，漳州路，汀州路，延平路，建寧路，邵武路。」明、成化年間（1465年——1487年）將路改為府，共有八府。今寧德市蕉城區，霞浦縣，福安市，福鼎市等地，從福州府分出，設福寧州，與府同級，清初沿襲明制。

「八府」即是：

「興化府，漳州府，汀州府，延平府，建寧府，福州府，邵武府，泉州府。」）

本人勘察近代名家所造之墓宅，以及歷代帝王聖賢陵墓古跡，考察其盛衰，辨別其正邪是非，凡事有理有應驗者爲真，無應驗者爲僞，尤其是此《平砂玉尺經》一書並不應驗，故敢判斷它是僞書。

我們以黃石公、青烏子、楊筠松、幕講師所傳下來的書作爲判斷僞術之證明，以先賢名家所造葬之墓宅及古跡引證並判斷之，並非以我們私人的見解去猜測判斷也。

或者說劉秉忠所撰之書，劉伯温注解的《平砂玉尺經》爲僞書，然而風水地理是天地自然所生成之道，輔助天下君皇安邦定國，關係人民之禍福，夏、商、周三代以上的明君聖哲，無不知道。

現時世風日下，人心不古，故風水之道隱祕，不在鬧市中，當藏在曠世之地，只能給淡泊名利之君子得知，以風水扶助君皇復興及治國，使國運興隆，得到風水真道有大智慧之人，不敢冒然將其祕密公之於世。

劉伯温輔佐朱元璋完成帝業，開創明朝，因而馳名天下，他生前所學的天文地理數學之書，呈獻給朝庭，從無片言隻字留在家中教其子孫，更何況他那肯會著書立說而傳於世上呢！故此凡在坊間術數書本稱劉青田著者，皆屬於僞書也。

（繼大師註：劉基字伯温，又名劉青田、劉誠意、劉文成。）

他均是輔助天子創業的英雄豪傑，我們知道劉伯温即知道劉秉忠也，或者說，爲何此書文章用辭井井有條而值得人們去閱讀呢！我可以說其文章是接近的，但其道理就不是了，假托劉秉忠及劉伯温之名來述說自己對風水的意會，傳遞錯誤的學理，故我特別指出其荒謬之處，並且一一辨論，以此拯救被他的學說所荼毒的人。

《本篇完》

（廿五）三元地理之元運計算法　繼大師

三元地理來由已久，自楊、曾二公著述《青囊經》、《青囊序》、《青囊奧語》、《都天寶照經》，都是堪輿學中三元地理之經典理氣書籍，至明朝蔣大鴻先師註註解《地理辨正疏》，把諸經剖析，更作《天元五歌》，《天元餘義》，又作《平砂玉尺辨偽》，以辨風水正偽之術。

在此之前，風水之巒頭書籍很多，不論各家各派都以巒頭為重，唯獨理氣中之三元地理學問不寫於書上，只作個別傳授，直至蔣子註《地理辨正疏》，始為世人所知，但書中只公開其部份原理，至於其用法口訣，仍然需師傳口授，傳心傳眼。

隨著蔣子所註解之《地理辨正疏》一書出現，更有多家增註，比較詳盡一些為《地理合壁》。

（**繼大師註**：在《玄空秘本——地理合璧》內，共八卷，集文書局印行，玆列如下：

卷之一《青囊經》補傳——直解、續解。

卷之二《青囊序》補傳——直解、續解。

《青囊奧語》補傳——直解、續解。

卷之三《天玉經》補傳——直解、續解。

卷之四《都天寶照經》補傳——直解、續解。

卷之五《天元五歌》，《天元餘義》，《黃白二氣說》，《雜摘三條》。

卷之六《歸厚錄》附圖。

卷之七《蕉窗問答》附條注，《平地元言》，《范氏盤法諸說三條》，《挨星訣》附挨星辨。

卷之八《七政造命法》，《選擇摘要》，《造命集要》附圖例，《選時斗杓》，《造命歌》，《渾天寶鑑》，附陽宅得一錄。）

之前亦有張心言地師再註解《地理辨正疏》，將邵氏所得之陳希夷六十四卦方圓圖、挨星卦圖、四十八局等卦例列於書前，更將羅經卦運口訣補著於書上，而朱爾謨先生在此書後有感嘆之語。曰：

「世有青囊天玉寶照諸經。諸者不下數十百家。閱之令人神倦。自蔣註出而目爲改觀。迨張疏成而疑團爲之頓釋。我不能盡世人而必其能信從之否也。然兩宮雜亂之處。兩儀差錯之地。去其太甚。切宜謹避。庶不枉張子一片婆心也。」

三元地理真訣，歷代自古心傳口授，絕少公開其秘密於書上，即使公開，絕不會發行印刷，只傳給嫡系弟子，而弟子得書亦要兼得師傳之口訣，加上個人努力方可得也。

蔣子在《地理辨正疏》中之〈辨偽文〉中，自言用了十年時間始得真傳，以得所傳而偏證大江南北之名墓又十年，再精益求精而窮其變化又再十年，先後化上卅年時間，而年紀已老矣，而蔣子又云：

「然天律有禁。不得妄傳。苟非忠信廉潔之人。未許聞一二也。」

所以自古得真訣之三元地師，多秘而不宣，在同治甲子年間，三元地師馬泰青先生，因著有《三元地理辨惑》六十條，被風水愛好者抄錄廣傳。

遂有讀此書之人，因感此書所論，前所未見，但覺內容半含半吐，因此造訪其作者，質詢為何是書稱辨惑而愈說愈惑於人，便想得知真訣。

誰知馬泰青地師說：

「你們想要與我作短暫談話，就想得到三元理氣不傳的祕密，取人財物者，謂之盜，你們真的想直接揭開我的肺腑！這是不可能實現的事！」

他又說明元空真訣，有掌管造化之能力，如善人得之可邀福，是順天理，倘若惡人得之是逆天理，不敢為也；馬地師對其師父「李振宇」先生甚為尊敬，尚不能容易得到真訣，豈能在善惡不分之下而筆著真訣於書，後更對客人說：

「先生讀我祕而不說的書，我情願受別人責備之罪，也不敢公開宅的祕密。」

客人聽後，慚憒而去，後再著四十條，前後共一百條。正因爲三元地理元空之學極為秘密，所以知道的人不多，而馬地師在第六十五問中亦有如此之說：

「元空之學。可以挽回造化。必擇人而授。必擇人而用。則術者不得其門而入。不得不挾三合以求食。遂以詆毀元空爲能事。俗人無知助之誹謗。而元空家懷不世之祕訣。方晦跡韜光。以避世俗糾纏。無心與之分辯。亦不屑與之分辯。」

以上所說，皆証明得元空真訣之難，但世事往往真假不分，不論何時何代均有偽術，今有偽訣玄空飛星口訣，大大流行於坊間，把真正之三元元空口訣混淆，而有：「坐空朝滿、城門訣、上山下水、反吟伏吟、飛星替卦、山星、向星、七星打劫、五鬼運財、挨星……」等口訣。

又有天元、地元、人元、上中下三元、什麼順飛逆飛、一卦管三山……等等名堂，與真正的三元理氣及紫白飛星口訣混雜其中，須知這些名堂全出自真正三元元空之學問，所謂元空或玄空大卦，是指時空「時間及空間」也。

筆者繼大師在此一說，謂偽訣玄空學是偽術，一則必遭人唾罵，二則斷人財路，真不知該說不該說，今寫到三元地理之元運計算法一文，實與偽訣玄空之學有混淆之處，難辨真假，而術有真偽，偽法之產生可謂：

「術不惑人而人心自惑於術也。」

筆者繼大師現將三元元運計算方法述之如下：

上元一運——後天北方坎宮☵為一運，先天為坤卦☷。

上元二運——後天西南方坤宮☷為二運，先天為巽卦☴。

上元三運——後天東方震宮☳為三運，先天為離卦☲。

中元四運——後天東南方巽宮☴為四運，先天為兌卦☱。

中元五運二十年，前十年歸四運管，後十年歸六運管，上元元運共九十年運。

中元六運——後天西北方乾宮☰為六運，先天為艮卦☶。

下元七運——後天西方兌宮☱為七運，先天為坎卦☵。

下元八運——後天東北方艮宮☶為八運，先天為震卦☳。

下元九運——後天南方離宮☲為九運，先天為乾卦☰。

每運各管廿年。上元及下元元運各管九十年運，上下元九個元運合計共有一百八十年，稱為一個「小三元元運」。

在《地理合璧》〈卷五〉〈天元餘義 — 附摘錄雜說〉（集文書局印行，第615－616頁。）錄有蔣大鴻先生著的〈九宮元運〉內末段云：

「中元五黃運二十年。前十年寄四綠地。六白水。屬上元。後十年寄六白地。四綠水。屬下元。故此二十年分屬上下元。名爲三元。實則止上下兩元耳。」

一般人是用「小三元元運」計算，一個首都、國家、皇帝宮殿、主要神廟等，則用「大三元元運」計算，這是很少人知道的秘密。

筆者繼大師得 呂師所傳，得知大三元之元運，以六十年為一個元運，是三個小三元元運之合數，即是小三元上元「一、二、三」元運各管廿年，共六十年就是一個大三元元元運。

換句話說小三元上元「一、二、三」三個元運六十年，小三元中元「四、五、六」

三個元運六十年，及小三元下元「七、八、九」三個元運六十年，總數加起來一百八十年，就是：一個大三元元運之「上元」或「中元」，或「下元」。

大三元元運之上元「一、二、三」三個元運一百八十年。

大三元元運之中元「四、五、六」三個元運一百八十年。

大三元元運之下元「七、八、九」三個元運一百八十年。

一個大三元元運以「上、中、下」三元加起來，就是整個大三元元運，共五百四十年，以六十年為一個元運，九個元運共五百四十年，故有：

「五百年必有王者興」之説。

附圖表如下：

《本篇完》

<table>
<tr><td colspan="18">古云:
伍佰年必有王者興</td><td colspan="18">540年</td><td colspan="18">一個大三元元運</td></tr>
<tr><td colspan="27">270年(大下元)</td><td colspan="27">270年(大上元)</td></tr>
<tr><td colspan="18">小三元元運
180年(大下元)</td><td colspan="18">小三元元運
180年(大中元)</td><td colspan="18">小三元元運
180年(大上元)</td></tr>
<tr><td colspan="9">90年(下元)</td><td colspan="9">90年(上元)</td><td colspan="9">90年(下元)</td><td colspan="9">90年(上元)</td><td colspan="9">90年(下元)</td><td colspan="9">90年(上元)</td></tr>
<tr><td colspan="6">下元
60年
九</td><td colspan="6">中元
60年
八</td><td colspan="6">上元
60年
七</td><td colspan="6">下元
60年
六</td><td colspan="6">中元
60年
五</td><td colspan="6">上元
60年
四</td><td colspan="6">下元
60年
三</td><td colspan="6">中元
60年
二</td><td colspan="6">上元
60年
一</td></tr>
<tr><td colspan="2">20年</td><td colspan="2">20年</td><td colspan="2">20年</td><td colspan="2">20年</td><td colspan="2">20年</td><td colspan="2">20年</td><td colspan="2">20年</td><td colspan="2">20年</td><td colspan="2">20年</td><td colspan="2">20年</td><td colspan="2">20年</td><td colspan="2">20年</td><td colspan="2">20年</td><td colspan="2">20年</td><td colspan="2">20年</td><td colspan="2">20年</td><td colspan="2">20年</td><td colspan="2">20年</td><td colspan="2">20年</td><td colspan="2">20年</td><td colspan="2">20年</td><td colspan="2">20年</td><td colspan="2">20年</td><td colspan="2">20年</td><td colspan="2">20年</td><td colspan="2">20年</td><td colspan="2">20年</td></tr>
<tr><td colspan="6">九八七
下元</td><td colspan="6">六五四
中元</td><td colspan="6">三二一
上元</td><td colspan="6">九八七
下元</td><td colspan="6">六五四
中元</td><td colspan="6">三二一
上元</td><td colspan="6">九八七
下元</td><td colspan="6">六五四
中元</td><td colspan="6">三二一
上元</td></tr>
</table>

大小三元九運原理簡表

繼大師作圖表

後記

繼大師

筆者繼大師費了很大心血，一口氣著作、註解及註譯多本三元卦理書籍，包括有《三元地理辨惑白話真解》、《元空真秘》、《地理辨正疏》、《地理辨正精華錄》，未來還有《三元地理命卦精解》，目的就是提倡易學，使三元理氣法脈，能被多些人所廣泛認知。

後來學者若尋得三元理氣明師，這些書籍則可作參考之用。但使用易學理氣於風水上，一定要合於巒頭，兩者相配，始能發揮效果，龍穴的形勢及方向、方位，根本就是一種大地測量的學問。

這本《**地理辨正精華錄**》大部份以蔣大鴻及張心言疏解為主，張氏公開廿四山之六十四卦卦理學問，更將部份卦理內容作有限度地公開，並說出蔣大鴻在《地理辨正疏》內隱藏着的秘密，筆者繼大師更將又元子著《元空真解》內蔣大鴻祖師所設計的羅盤，逐層分析解說，本人所付出的心力，難以估計。

筆者現將張心言地師所疏解的部份加以剖析，並清楚解說；這些卦理學問可以說得上是張心言地師所倡說三元地理的一支派系，是得蔣公的一脈相承，雖然坊間的無常派並不認同，這各有見解吧！

這些知識，必須配合山川形勢而使用，這最重要的就是要得明師真傳及心傳口授，一切都是因緣所生，讀者慢慢領會！

繼大師寫於香港明性洞天

辛丑季春吉日

《全書完》

榮光園有限公司出版　繼大師著作目錄：

正五行擇日系列

一《正五行擇日精義初階》　二《正五行擇日精義中階》

風水巒頭系列

三《龍法精義初階》　四《龍法精義高階》

正五行擇日系列

五《正五行擇日精義進階》　六《正五行擇日秘法心要》

七《紫白精義全書初階》　八《紫白精義全書高階》附《紫白原本錄要》及八宅詳解

九《正五行擇日精義高階》（附日課精解）　十《擇日風水問答錄》

風水巒頭系列 —— 十一《砂法精義一》　十二《砂法精義二》

擇日風水系列 —— 十三《擇日風水尅應》　十四《風水謬論辨正》

風水古籍註解系列

十五《三元地理辨惑》馬泰青著　繼大師標點校對

十六《三元地理辨惑白話真解》馬泰青著　繼大師意譯及註解

風水巒頭系列

十七《大都會風水祕典》　十八《大陽居風水祕典》

三元卦理系列

十九《元空真祕》原著及註解上下冊（全套共三冊）劉仙舫著　繼大師註解

二十《風水祖師蔣大鴻史傳》

三元易盤卦理系列

廿一《地理辨正疏》黃石公傳　赤松子述義　楊筠松著　曾求己著　蔣大鴻註及傳
姜垚註　張心言疏　繼大師註解　（全套共上下兩冊）

廿二《地理辨正精華錄》

未出版：

廿三《三元地理命卦精解》

大地遊踪系列

廿四《大地風水傳奇》　廿五《大地風水神異》　廿六《大地風水遊踪》

廿七《風水祕義》　廿八《風水靈穴釋義》　廿九《大地墳穴風水》

三十《香港風水穴地》　卅一《廟宇風水傳奇》　卅二《香港廟宇風水》

卅三《港澳廟宇風水》　卅四《中國廟宇風水》

風水古籍註解系列 ── 繼大師註解

卅五《青烏經暨風水口義釋義註譯》　卅六《管號詩括暨葬書釋義註解》

卅七《管氏指蒙雜錄釋義註解》　卅八《千金賦說文圖解》

卅九《雪心賦圖文解義》（全四冊）

作者簡介——出生於香港的繼大師，年青時熱愛於宗教、五術及音樂藝術，一九八七至一九九六年間，隨呂克明先生學習三元陰陽二宅風水及正五行擇日等學問，於八九年拜師入其門下。

榮光園有限公司簡介

榮光園有限公司，為香港出版五術書籍的出版社，以發揚中華五術為宗旨，首以風水學為主，次為擇日學，再為占卜學。

風水學以三元易卦風水為主，以楊筠松、蔣大鴻、張心言等風水明師為理氣之宗，以巒頭（形勢）為用。占卜以文王卦為主，擇日以楊筠松祖師的正五行造命擇日法為主。

為闡明中國風水學問，筆者使用中國畫的技法畫出山巒，以表達風水上之龍、穴、砂及水的結構，以國畫形式繪劃，並插圖在書上，加以註解，令內容更加詳盡。亦將會出版中國經典風水古籍，重新註解及演繹其神韻。日後榮光園若有新的發展構思，定當向各讀者介紹。

出版社：榮光園有限公司 Wing Kwong Yuen Limited
香港新界葵涌大連排道 35 － 41 號，金基工業大廈 12 字樓 D 室
Flat D, 12/F, Gold King Industrial Bldg. , 35-41 Tai Lin Pai Rd, Kwai Chung, N.T., Hong Kong
電話：(852) 6850 1109
電郵：wingkwongyuen@gmail.com
發行：聯合新零售(香港)有限公司 SUP RETAIL (HONG KONG) LIMITED
地址：香港新界荃灣德士古道 220 ~ 248 號荃灣工業中心 16 樓
16/F, Tsuen Wan Industrial Centre, 220-248 Texaco Road, Tsuen Wan, NT, Hong Kong
電話：(852) 2150 2100　　電郵：info@suplogistics.com.hk

印刷：榮光園有限公司 Wing Kwong Yuen Limited
作者：繼大師　　電郵：masterskaitai@gmail.com　　版次：2022 年六月 第 I 次版
網誌：kaitaimasters.blogspot.hk

榮光園有限公司簡介

榮光園有限公司，為香港出版五術書籍的出版社，以發揚中華五術為宗旨，首以風水學為主，次為擇日學，再為占卜學。

風水學以三元易卦風水為主，以楊筠松、蔣大鴻、張心言等風水明師為理氣之宗，以巒頭（形勢）為用。占卜以文王卦為主，擇日以楊筠松祖師的正五行造命擇日法為主。

為闡明中國風水學問，筆者使用中國畫的技法畫出山巒，以表達風水上之龍、穴、砂及水的結構，以國畫形式繪劃，並插圖在書上，加以註解，令內容更加詳盡。亦將會出版中國經典風水古籍，重新註解及演繹其神韻。

日後榮光園若有新的發展構思，定當向各讀者介紹。

作者簡介

出生於香港的繼大師，年青時熱愛於宗教、五術及音樂藝術，一九八七至一九九六年間，隨呂克明先生學習三元陰陽二宅風水及正五行擇日等學問，於八九年拜師入其門下。

《地理辨正精華錄》 繼大師著

出版社：榮光園有限公司 Wing Kwong Yuen Limited
香港新界葵涌大連排道35 - 41號, 金基工業大厦12字樓D室
Flat D, 12/F, Gold King Industrial Bldg. , 35-41 Tai Lin Pai Rd, Kwai Chung, N.T., Hong Kong
電話：(852) 6850 1109
電郵：wingkwongyuen@gmail.com
發行：聯合新零售(香港)有限公司 SUP RETAIL (HONG KONG) LIMITED
地址：香港新界荃灣德士古道220～248號荃灣工業中心16樓
16/F, Tsuen Wan Industrial Centre, 220-248 Texaco Road, Tsuen Wan, NT, Hong Kong
電話：(852) 2150 2100
電郵：info@suplogistics.com.hk
印刷：榮光園有限公司 Wing Kwong Yuen Limited
作者：繼大師
繼大師電郵：masterskaitai@gmail.com
繼大師網誌：kaitaimasters.blogspot.hk

《地理辨正精華錄》繼大師著
定價：HK$800-
版次：2022年8月第一次版

978-988-76145-2-4